PARTNERS' BOOK FOR YOUNG TEACHERS

授業づくり｜若い先生のパートナーズBOOK

「教師力」を磨く
SNSの利活術

古舘良純

編著

JN206694

学芸みらい社

はじめに

　「たかがSNS」と思っていました。

　結局目の前の子どもが大切で、職員室の大人と学ぶことが全てだと思っていました。

　今でもそう思う節はあります。結局、同じ空気を共有してこそ強い学びに発展すると思います。

　そして、そう大きく間違ってはいないとも思います。

　SNSでは、普通に生きているとあり得ない誹謗中傷が飛んでくることがあります。突然トラブルに巻き込まれることがあります。

　「お前なんかが教師をやっているからだめなんだ」

　「何目線？　調子に乗ってんじゃねーぞ」

　「教育委員会にいいますね」

　「あなたの評判、よくないですよ」

　そんな辛辣な、いや、暴言に等しい言葉をたくさんいただきました。

　「たかがSNS」と思っています。

　でも、たくさんのつながりをいただいたことも事実としてあります。

　Voicyを担当してくださった齊藤さんとは、直接お会いして学ぶ仲になりました。勉強会の際には幹事をお願いできる頼もしい存在です。

　Instagramを担当してくださった竹澤さんとは共通の知人がおり、日本の狭さを感じていました。なお、僕のインスタライブデビューは竹澤先生でした。

X（旧 Twitter）を担当してくださった有吉さんは、オンラインの会で講師をお願いし、その後もサークル活動での活躍が続いています。

　facebook を担当してくださった神馬さんは、その後何度も模擬授業を見せていただく機会に恵まれました。古舘学級にも参観してくださいました。

　LINE を担当してくださった増本先生は、会ったことがないのに昔から知っているかのような安心感があり、大きなグループでも頼れる存在です。

　note を担当してくださった井上さんは、この企画をもちかけるまでほとんど交流はありませんでしたが、体育を学ばれている共通点が本当に心強かったです。

　教育者コミュニティを担当してくださった飯山さんは、いつもコメントを投げかけてくださり、SNS なのに人の懐に入るのが上手いなあと思いながらご縁をいただきました。

　最後に、総括をいただいた藤原先生は、何を隠そう教育実習先でお世話になった先生でした。北海道と岩手を 15 年ぶりに繋いだのは、紛れもなく SNS だったのです。

　今では、「たかが SNS」「されど SNS」と思っています。

　そんな SNS の素敵な出会いから生まれた本書が、すでに SNS で学ぶことの意味を教えてくれているような気がします。ぜひ読者の利活用における一助になりますように。

古舘良純

目次

■ はじめに ……2

第1章 利活のスタートライン 　　古舘良純

SNS 時代を生きる先生方へ

Mixi から始まった SNS ……………………………………… 8

作られた Facebook アカウント ……………………………… 9

Twitter で自分磨き ……………………………………………… 10

Twitter の実名発信スタート ………………………………… 10

SNS 時代を加速させた「コロナ禍」………………………… 11

ゼロ距離を実現した Zoom …………………………………… 12

音声配信に特化した SNS「clubhouse」…………………… 12

万能型のツール「Instagram」……………………………… 13

自分の実践をまとめる「note」……………………………… 14

朝のスイッチを入れる「Voicy」…………………………… 15

SNS は悪くない！　悪いのは使い方だ！ ………………… 16

SNS は存分に活用せよ！学びのチャンスを逃すな！ … 16

第2章 いつでも、どこでも、何度でも 　　齊藤昌幸

音声配信 "Voicy" を通した学び

Voicy との出会い ……………………………………………… 18

「憧れの人」の一次情報を得る ……………………………… 19

まずは無料放送から …………………………………………… 21

ディープで尖った話を聞く …………………………………… 22

「その場限りの出会い」を楽しむ …………………………… 23

自宅から有料セミナーに参加 ………………………………… 24

Voicy からリアルへ …………………………………………… 26

第3章 光と影

竹澤　萌

ほどよく楽しむ Instagram の利活術

Instagram の光と影	28
「正しさ」は人の数だけある	30
その情報、信じられますか？	30
立ち止まる意識を	32
可視化された学びの保管庫をつくろう	33
ストーリーズとインスタライブでつながりを	34
偽りのない「先生アカウント」作成のススメ	35

第4章 「人」と出会う

有吉亮輔

X の活用

X との出会い	38
なぜ X か？	39
X のメリット	39
情報をキャッチしにいく	40
あなたの「当たり前」を誰かのために	41
意外なところから繋がるおもしろさ	41
受け取る側から発信する側へ	42
画面越しに出会う人々	43
出会いが繋がる	44
共に高め合える人々との出会い	44
音声発信も面白い	45
オフラインがすべての土台に	46
最後に	47

第5章 チャンスの幅を広げる　　　　神馬　充

若手こそ、Facebook を
なぜ今、Facebook なのか　……………………………… 48
「言葉」という武器 ……………………………………… 50
すべては「教室」から　………………………………… 52
教育観が一変するほどのダイナミックな学びへ　……… 53
まず守備から　まず負けないこと ……………………… 56

第6章 全国との学びの場　　　　増本幸治

LINE で新たな仲間と新たな世界へ
誰もが使っているアプリ「LINE」………………………… 58
LINE グループ「六担部屋」との出会い ………………… 59
六担部屋（R3 年度「冬・別れ」）で学んだこと　……… 60
「六担部屋」との再会 …………………………………… 62
LINE での学びのメリット　……………………………… 64
LINE での学びの課題、気をつける点 ………………… 65
効果的な LINE の利活用、そして大事にしたいこと　… 66

第7章 書いて「実践」を磨く　　　　井上拓也

note の活用〜発信せよ！〜
インプットか、アウトプットか ………………………… 68
なぜ note なのか？〜他の SNS との違い〜　………… 70
なぜ note を書くのか？〜書くことで磨かれる３つの力〜…… 70

私の note 活用法〜具体的な 5 つの TIPS 〜 ……………… 72

発信せよ！ ……………………………………………… 75

『違い＝価値』〜苦手だからこそ〜 ……………………… 76

第8章　SNS をリアルにつなぐ　　　　飯山彩也香

オンラインコミュニティ EDUBASE

EDUBASE って何？ …………………………………… 78

EDUBASE へ課金するということ ……………………… 80

EDUBASE の中のこと …………………………………… 81

自宅で学べる！EDUBASE TV …………………………… 81

最新情報や裏話満載！EDUBASE LETTER ………… 83

EDUBASE 職員室 ……………………………………… 83

仲間と会える！EDUBASE FES ………………………… 84

EDUBASE ×仲間×ウェルビーイング ………………… 86

第9章　学びの「時間」をデザインする　藤原友和

SNS を超えて

SNS における学びとは ………………………………… 88

オンラインの学びをオフラインにつなげる …………… 91

SNS を超えて …………………………………………… 96

おわりに ……98

第1章　利活のスタートライン

SNS 時代を生きる
先生方へ

古舘良純

2024 年 12 月 16 日に「mixi2」のサービスが開始されました。SNS の「mixi」誕生から 20 年後のことでした。

現在、SNS はずいぶんその多様性を見せ、先生方も様々なサービスに触れていると思います。それは子どもたちも例外ではありません。

第 1 章では、SNS の走りとも言える「mixi」を起点に、現在教師の新しい学びのスタイルとして確立されつつある音声メディア「Voicy」についても言及していきます。

Facebook、Twitter（現 X）、Instagram が主流だった SNS に、情報発信の場として note が加わり、さらに LINE の立ち位置も「メールの代わり」以上のコミュニティになりつつあります。

またコロナ禍で一気に注目を集めた「Zoom」や「オンラインコミュニティ」も教師の学びに大きな影響を与えています。

ぜひ、本書を読み進めながら、「SNS 時代を生きる教師」としてどう学びを促進するか、ともに考えていきましょう。

mixi から始まった SNS

2006 年、利用者数が最大化した SNS として、mixi が流行しました。

それは平成18年のことで、僕が大学を卒業する年。初めて触れたSNSが、mixiだったのです。

まだスマホやタブレットが広く普及する前でしたから、授業の合間を縫って大学のパソコン室に足を運び、プロフィールやら日記やらを更新していました。そして、「マイミク（友だち）」を増やしたものでした。

大学を卒業して地元に戻った僕は、同級生とのやりとりのツールとしてmixiを使い、メルアドと年賀状と併せてその「つながり」を保っていました。

そう考えると、僕ら世代（ロスジェネ世代）は、SNSやオンラインの走りを生きてきたと言えるかもしれません。

作られたFacebookアカウント

その後、Facebookアカウントを作りました。「作った」というよりは、「作られ」ました。2012年8月、同級生と飲んでいる時のことでした。

すでにmixiは使っておらず、SNSに疎かった僕でしたが、地元を離れて千葉で働いていたこと、東日本大震災後の人とのつながりを大切にしたかったことを理由にアカウントを作ってもらったのでした。

しかし、SNSには少なからず抵抗がありました。すでに教師としての人生を歩んでいたからです。

プライベート丸出しの投稿が保護者に見つかってしまったら……。何の気なしに書いた日記が子どもたちの個人情報に触れてしまっていたら……。

そう考えていたため、「教師はSNSと無縁である」とさえ思っていました。リスクを負ってまでアカウントを作る必要

はないと思っていたのです。

Twitterで自分磨き

　同じ頃、Twitter（現X）のアカウントを作りました。完全匿名で作りました。

　それは、当時「海外日本人学校」への勤務希望を出していたからです。Twitterで140文字の制限の中で「英語」を使ってつぶやき、学ぼうと考えていました。

　それは、コミュニケーションツールとしてではなく、自分磨きを目的としてアカウントを作ったのでした。

　残念ながら海外への挑戦は志なかばで途絶えたため、まもなくTwitterを開く必要がなくなりました。

　それでも、「毎日英語でつぶやく」と決めていた日々は、SNSの使い方としては健全だったと思います。もちろん、誰一人「いいね」をつける人はいませんでしたが（笑）。

Twitterの実名発信スタート

　その後の数年間、Twitterアカウントは眠ることになりますが、平成が終わる年にまた「つぶやき」を始動することになりました。

　2019年、「授業の腕を上げるちょこっとスキル」（明治図書）の発売に合わせて告知・拡散のために発信しようとしたのです。

　これまでつぶやいていた英語のツイートを削除し、アカウント名を実名に変更しました。顔写真も公開しました。誰に見られてもよいアカウントとして、公の意識をもってリスタートさせたのです。

おかげさまでフォロワー数は増え、ほぼ無名ながら著書も順調な売れ行きを見せました。

　それから、「教師　古舘良純」として教育に関する発信をするようになりました。基本は学校での出来事を「つぶやき」ました。もちろん、個人情報には十分注意して。

　当時はまだ140文字の制限があったため、いかに140文字ピッタリに収めるかにこだわっていました。文章力を磨く場としても機能させていたのです。

　句読点の使い方、体言止め、漢字とひらがなの使い分けなど、いかにシンプルに美しくつぶやくかにこだわっていました。

　この後紹介するVoicy（音声配信プラットフォーム）での言葉選びは、この辺りの数年間の意識が大きいと考えています。

SNS時代を加速させた「コロナ禍」

　令和になるタイミングで千葉県教職員を退職し、岩手県教職員として新規採用になりました。そしてその年、新型コロナウイルスが大流行することになります。

　岩手に戻っても「岩手から関東に足を運べばよい…」と考えていた僕にとって、県を跨ぐ移動の制限や「密を避ける風潮」はかなりダメージの大きいものでした。

　千葉県に勤めていた時代は毎週のように東京に出向き、場合によっては愛知や大阪、広島まで足を延ばし、身銭を切って学んでいました。

　それが、岩手県に勤めることになり、物理的なつながりを断たれ、どうやって学び続ければよいのだろうと「なす術な

し」の感覚に陥ったのです。

ゼロ距離を実現した Zoom

その頃、文字や写真だけのやり取りだった SNS に新しい風が吹き始めます。

まず、Zoom です。今では「Zoom」という言葉が当たり前に使われるようになりましたが、一ツールの名称であるにも関わらず「＝オンラインミーティング」を想定するほどの共通言語となったのです。

これまで普通に使っていた「学習会」は、Zoom の出現によって「対面式学習会」と表現しなければならないほど、相対的な立ち位置を確立しました。

なお、僕にとって初めての Zoom 講座は「ちょこっとスキルの駆動原理」という内容でした。いつもお世話になっている函館の藤原友和先生からのお誘いで生まれた会で、100 名の参加者が 1 週間程度で埋まるほどの熱の高い講座でした。

身銭を切って、バスや電車に揺られることもなく、顔も声も出さずに自宅から講座を受けられる時代への転換期だったと考えています。

しかし、Zoom にはライセンスが必要でした。月額の費用が必要だったのです。40 分間は無料で使用できたものの、月に何回使うかわからないツールにお金を投資するのは随分覚悟が必要だったと感じます。

音声配信に特化した SNS「clubhouse」

そんな中、2020 年 4 月、まるでラジオ感覚で配信を聞くことができ、なおかつ会話も楽しめる SNS サービスが開始され

ました。それが、「clubhouse」です。

今では多くの方が利用していますが、リリース当時は「招待制」だったため、不特定多数のユーザーではなく、「誰かの知り合い」というネットワークでその利用者のつながりが生まれていました。

当時（今でも）、通勤距離が46kmありました。通勤時間に音声配信をラジオ感覚で聞いて帰ったり、自分で立ち上げて話したりすることもありました。

家事やランニングの最中に聞いていたこともあり、まさに場所や時間を選ばずに学ぶ時代が訪れたと感じました。

しばらくして「Twitter（現X）」が音声配信の「スペース」機能を搭載し、リアルタイム配信・会話ができるようになっています。

以前はフォロワー数が600人以上でなければスペースを立ち上げることができませんでしたが、今では廃止され、誰でも利用可能です。

さらにアーカイブも残せるようになり、より多くの人に情報を届けられるようになりました。

万能型のツール「Instagram」

僕自身のXアカウントが育ってきた頃、より多くの先生にリーチしたいと考えて「Instagram」にも手を出しました。

個人的な話ですが、「古舘良純アカウント全体」のフォロワーさんは30〜40代男性が7割を占めている状態です（笑）。そうした背景もあり、20代教師へのアプローチを試みたいと考え、Instagramアカウントを活用しました。

僕自身が使いこなしているわけではないため、その活用に

ついては第3章で詳しくご覧になってください。

　ただ、24時間で消えるストーリーズ機能、積み重ねが可視化される投稿、リール動画にインスタライブなど、インプット・アウトプット共に手軽にできるツールとしては万能ではないかと考えています。

　これは、良くも悪くも「文章の読み」が未熟になっている現代において、視覚的な受け取りやすさが時代にマッチしているのではないかと思っています。

　それゆえ、深い部分の理解へ到達しないまま表層をなぞるようなハウツーにあふれたり、本で得た内容をネタとして引用なしに発信されたりしているケースが見られます。

　インプレッション数を獲得しようとする投稿も目立ち、教師として使うならば、人を選ぶツールだな……と感じているのが正直なところ。

　BGMを添えた投稿はより感情に訴えることができ、発信としては受け取りやすくなりますが、その本質、子どもへの指導の結果までシビアに考えたときにどうなのかという検証は必要ではないでしょうか。これはどのSNSでも言えることですが、「うまくいく指導5選！」などが本当にうまくいっているのであれば、現場はこうも苦しくはないはずです。

自分の実践をまとめる「note」

　「note」とは、クリエイターが文章や画像、音声、動画を投稿して、ユーザーがそのコンテンツを楽しんで応援できるメディアプラットフォームとされています。

　教師界隈では、自分の実践をまとめたり、実践に対する思いを綴ったりしている印象があります。

私自身、初めての単著を出版の際にその紹介を兼ねて note に綴ったことがありました。ある項を引用して、その解説を加えた形で記事を投稿したのです。少しでも中身を公開すれば、手に取る人が増えるのではないかと考えています。

　しかし、学級通信をテーマとした記事（初単著のタイミング）が多く、結果的には自分自身のリフレクションの場になったことは言うまでもありません。

　記事を書いているときは mixi や Facebook を彷彿させるような時間で、何か懐かしい感じを受けました。「誰かに発信する」と同時に「実践を残すツール」だと考えています。

朝のスイッチを入れる「Voicy」

　そして 2021 年 11 月。ついに「Voicy（音声配信プラットフォーム）」で、パーソナリティを務めることになりました。

　Voicy リスナーの多くは、通勤時・退勤時に聴取することが多く、僕のチャンネルは「朝のスイッチ代わり」に聴取する方が多いようです。

　メリットとしては「ながら聞き」できることが挙げられます。「運転しながら」「電車に揺られながら」。中には、「教室で丸つけをしながら」聴取する方もいました。

　産休や育休のママ先生も「朝食を作りながら」「洗濯物を畳みながら」聞いているようです。

　基本的に Voicy は無料ツールです。アプリをダウンロードすれば誰でも聴取することができます。

　しかし、「有料放送」を単体で買って聴取する方法もありますし、「プレミアムリスナー」となって月額会員になる活用法もあります。学びの強度を設定できる点が優れています。

なお、Voicy の良い点は質の高さにあります。パーソナリティは Voicy 社の審査制だからです。また、ジャンルが決められているため、欲しい人に欲しい情報を届ける意味で需要と供給がマッチしているのです。

SNS は悪くない！　悪いのは使い方だ！

　僕が若かった頃、職員会議の場や研修会の場で SNS アカウントを削除するように言われたことがありました。それは、コンプライアンス的な立ち位置からの「お達し」だったと記憶にあります。

　しかし、当時は「学級連絡網」が存在し、僕は自宅用の固定電話を契約しました。当然、連絡網には自宅の電話番号を載せました。「SNS はダメなのに、自宅の電話番号は配るんだな……」と変に違和感を覚えました。

　今なら言えます。教師が SNS のアカウントを持つことが悪いのではなく、公の場で発信して良いことと悪いことの分別をつけられない教師自身の判断力が悪いのだろう、と。

SNS は存分に活用せよ！　学びのチャンスを逃すな！

　SNS 時代を生きる先生方、ぜひ SNS を活用してください。SNS へ足を踏み入れてください。始めてみれば「意外とそうでもない……」と実感していただけると思います。

　特にコロナ禍を過ごした先生方は、同僚との仲をどう深めたらよいかわからなくなっているかもしれません。「先輩から盗め」と言われた時代は良かったのですが、「早く帰ろう！」という定時退勤、働き方改革の中では「放課後に教室を回って盗む」ことすらできませんから。

かといって現場は大変深刻です。学級崩壊をいつ起こして
も不思議ではない状況であり、だからと言って業務が軽減さ
れるわけでもないからです。

　どうやって力量形成をすればよいか。どこで誰に相談すれ
ばよいのか悩んでいるなら SNS を開いてみてください（詳し
い使い方などは第 2 章から）。

　思いの外、SNS には多くの心ある先生方がいます。同期や
同僚よりも親睦を深めるつながりもできます。本著を書かれ
ている先生方がまさにそうです（それがきっかけで全国を飛
び回ってしまうような先生もいるほどです！）。

　きっと、あなたの素敵な学びの種は SNS の中にも眠ってい
ます。その学びを掴み、チャンスを掴み取りましょう。

第2章　いつでも、どこでも、何度でも

音声配信 "Voicy" を通した学び

齋藤昌幸

Voicy との出会い

　私が Voicy に出会ったのは、2年前のことでした。

　ちょうど、子どもの出産に伴って育休を取っている時期に、「育児や家事をしながらでも、学ぶことはできないか」と考えていた私にとって、音声配信から学ぶことができる Voicy は、最適な学びのプラットフォームでした。

　Voicy の特徴は、前述の古舘良純先生の論考にもあったように、ラジオ感覚で「ながら聞き」ができるところです。「本を読みたいけれど、手が離せない……」、そんな時に耳から情報を得られることは、大きなメリットといえるでしょう。

　さらに、X（旧 Twitter）のスペースなどと違い、審査通過率5％という厳しい選考基準を満たしたパーソナリティによる配信であるため、内容が充実しており、自分の目的に合ったパーソナリティを選びやすいという特徴もあります。

　育休中だった私にとって何よりありがたかったのは、学校現場のリアルを現場から離れている間も知ることができ、考えるきっかけを与えてもらえたことです。

　産休や育休に入って実感された方も多いかもしれませんが、私は休業に入ってからぴたりと教室のことを考える機会

が失われてしまい、復帰する時期が近付くと少しの不安を感じていました。

パーソナリティの中には、小学校・中学校・高校・大学などの教員や、教育行政経験者などの学校現場に関わる方が多くいます。教室での出来事やそれに関するパーソナリティの考えを聞く中で、自分の教室を思い返し、考えることができます。

何より Voicy の魅力の一つに、「何度でも」聞き返せるということが挙げられます。ラジオでは、聞き逃し配信という取り組みもありますが、一週間限定などの期限があります。Voicy では、一度配信されたものは基本的にアーカイブに残るため、何度でも繰り返し聞くことができるのです。

「いつでも、どこでも、何度でも」、自分に合った生活リズムで学び続けられる Voicy の魅力を、さらに深掘りしていきたいと思います。

「憧れの人」の一次情報を得る

学び方が多様化している現代において、一般的な教員の学び方といえば、

① 公的な研修（自治体による研修）
② 民間研への参加
③ 書籍
④ 勉強会・サークルへの参加
⑤ 自身の授業や学級経営についての内省

などが挙げられます。

特に、「日常的に学ぶ」ということを考えると、③の書籍や⑤の内省の部分が大きな割合を占めるのではないでしょ

か。

このような日常的な学びの中にVoicyでの学びが加わることで、自身の内省が促される効果が得られると、私は考えています。

私の場合は、朝の放送を聞いて前日の教室での出来事を振り返ったり、その日の子どもたちへの関わり方を考えるきっかけにしたりしています。

パーソナリティの中には、毎日同じ時間に定期配信されている方がいます。古舘先生の場合は、平日のだいたい朝の5時30分に配信（金曜日はプレミアム放送のみ配信）しており、朝食の準備や通勤時間に聞くことができます。

インターネットが普及するまでは誰からアドバイスを得るかというと、職場の同僚の方や研究会の講師、参加者などの立ち位置の人でした。

また、「憧れの人」がいる場合は、どれだけ遠くても直接会いに行くか、書籍から情報を得るということでしか学べませんでした。

しかし現代では、「憧れの人」の情報を日常的に得ることができるのです。そして、私が何より良いなと思っていることは、書籍では執筆者が書き終えてから発刊までに半年ほどの時間がかかりますが、音声配信であるVoicyは、「憧れの人」の一次情報をすぐに得ることができるということです。

もちろん書籍では内容がブラッシュアップされるというメリットもありますが、日常的に配信されているVoicyの情報からは、憧れの人の「人となり」を知ることができます。

私たちは教員である前に、一人の人間です。

「人となり」に共感できることで、さらにその人から学び

たいという意欲も増すのではないでしょうか。

まずは無料放送から

Voicy は基本的に無料で利用できる音声配信プラットフォームです。多種多様のパーソナリティの中から、自分のライフスタイルや興味関心に合った方を選択することができます。気に入ったパーソナリティがいたら、フォローすることで新着情報を逃さずチェックすることもできます。

私の場合は、教育関係で気になる方がいたらまずフォローし、試しに何度か聞くことにしています。その上で、「この人の話は継続して聞いてみたい！」という方に関しては、新着情報が入った際に通知が来るように設定しています。

最近は、学校現場の先生方でも Apple Watch などのスマートウォッチを身に着けている方が増えてきました。私も日常的に身に着けているのですが、iPhone と同期しておくことで、新たな放送が始まった時にすぐに聞き始められるのがメリットです。

もし読者のみなさんが Voicy を聞き始めた際には、まずは無料で聞ける範囲で「広く、浅く」様々な方の配信を聞くことをおすすめします。それこそ、教育関係でない方の配信を聞くことも、自分の知見を広げることにつながるかもしれません。

まずは情報網を広げて、だんだんと「聞き応えがある人」や「深掘りしてみたい人」が見つかったら、定期配信を欠かさずにチェックしていくのがよいでしょう。

ディープで尖った話を聞く

　Voicy には無料放送だけでなく、形態の異なる 2 種類の有料配信もあります。なお、Voicy 内では無料放送のことを「レギュラー放送」と呼んでいます。

　有料配信の一つは、「プレミアムリスナー」、もう一つが「有料放送」です。

　「プレミアムリスナー」は、月額制の形態をとっています。掛かる費用はパーソナリティによって異なるので、興味のある方をチェックしてみるとよいでしょう。

　「プレミアムリスナー」になると、「プレミアム限定放送」を聞くことができます。パーソナリティによって放送の頻度や内容が異なりますが、無料放送（レギュラー放送）よりも尖った内容や濃い話を聞くことができます。

　例えば古舘先生の「プレミアム限定放送」の場合だと、学級の詳しい状況やそれに対する教師の手立てや職場の課題に対する建設的な取り組みをお話しされています（もちろん、個人情報には配慮されながらです）。

　無料放送よりも突っ込んだ内容なので、聞いていると、これまで当たり前だと思っていたことについて「ハッと」させられ、自分の考えの浅さに気付く機会になっています。

　教師という仕事がどのような仕事なのかについて考えたい人にとって、このようなディープで尖った話は、刺激的で楽しめるだけでなく、新たな視点を得られるという点でメリットがあるでしょう。

「その場限りの出会い」を楽しむ

「プレミアム限定放送」では、「生放送」の形態で配信されているパーソナリティもいます。飾った感じではない、普段のパーソナリティの「その場での生のやり取り」を聞くことができるのが魅力です。

パーソナリティによっては事前告知なく生放送が始まることもありますので、聞きたいパーソナリティをフォローし、通知をオンにしておきましょう。急に生放送が開始されても、放送に間に合うとそれだけで得した気分になれます（笑）。

生放送の魅力は、「その場での生でやり取り」です。リスナーに参加を募り、パーソナリティとのやり取りが始まると、予定調和のないリアルな受け答えを聞くことができる面白さがあります。

もちろん、自分も生放送に参加している際には、パーソナリティの選択のもと、リスナーの代表として話すことも可能です。

面識はないけれど「憧れている」や「興味のある」パーソナリティと、プレミアム限定放送というある程度開かれた場で話すことができる経験は、Voicy ならではだと思います。

講演会でも講演者に質問をする場がありますが、時間の制約で諦めたり、大勢の目を気にして発言できなかったりする場合があります。

毎月プレミアムリスナーに参加していると、パーソナリティと話すチャンスは増えますし、音声でのやり取りである Voicy では人の目を気にすることもありませんので、講演会よりもフランクに話すことができるのではないでしょうか。

パーソナリティ側から見ても、わざわざ課金して聞いているプレミアムリスナーであるからこそ、安心して話をすることができるというメリットもあるでしょう。

　パーソナリティ、リスナーのどちらにとっても、安心して話せる場であるプレミアム限定放送は、より「パーソナリティの人となりを知りたい」という人にとって、おすすめの有料配信です。

自宅から有料セミナーに参加

　Voicy の有料配信で生でのやり取りを楽しむのが「プレミアムリスナー」であったら、パーソナリティの専門分野について詳しく学ぶのが「有料放送」であると私は考えています。

　言い換えれば、「プレミアムリスナー」はよりパーソナリティの「人となり」を知ることができ、「有料放送」はパーソナリティの「専門性」を深く知ることができるコンテンツです。

　この本の読者は9割9分が教員の方でしょう。特に若手の方の中には、すぐに学級経営や日常の授業で使える微細な技術や教材が欲しいという方もいるのではないでしょうか。

　実は Voicy の教員パーソナリティの中で、有料放送をされている方はあまり多くありません。おそらく、自治体に兼業届を申請して、許可を得るということのハードルが高いのだと思われます。

　ですので、本業である教職の仕事をきちんとやりながら、有料放送で中身の濃い実践で使える技術や教材を提供している方の放送は、価値あるものが多いです。

　有料放送の価格は、パーソナリティが 100 円から 30,000 円

の中で設定することができるようになっています。私が聞いているパーソナリティでは、1,000円から5,000円程度の価格に設定されている場合が多いため、書籍代より安く、交通費を含めたセミナーへの参加料と同等程度だと感じています。

休日に家庭の都合でなかなかセミナーや勉強会に参加できない身からすると、同等程度の料金で学ぶ機会を得られ、しかも何度も聞き返せることを考えると、お得感があります。

有料放送を購入すると、パーソナリティによっては、Zoomなどのオンラインを介して勉強会が開かれる場合があります。

プレゼンテーションソフトを使用しての講演や、授業で使える教材の紹介などを耳で聞くだけでなく、目で見て学ぶことは、大変価値のある学びになるでしょう。

私がおすすめするのは、古舘先生が今年度（令和6年度）取り組んでいる、「マインドセット会」です。

月に一回、オンラインやリアルの場での学び（リアルの場での学びについては後述します）が行われ、自分自身の教室での振る舞いや、子どもたちの見取り方について考えるきっかけを与えていただいています。

日々、仕事に取り組んでいると、どうしてもそこに埋没してしまい、視野が狭まってしまうことがあります。読者の皆さんはそんなことはないかもしれませんが、私は毎日の出来事で頭がいっぱいになってしまうことがあります。

そんな時に、月に一回、自身の振る舞いについて考える時間を取ることで、視野を広げ、自分の取り組みを俯瞰して捉えられるようになります。

古舘先生は、マインドセット会以外にも有料放送を行って

おり、書籍の追補版や研究授業の様子などを解説しています。このような放送から、自身の授業や学級経営に役立つ引き出しを増やしていくことも良いのではないでしょうか。

　もう一人有料放送でおすすめしたい方は、渡辺道治先生です。渡辺先生は今年度小学校教員を退職され、大学院で学ばれている中、「教え方の学校」の主宰をされています。書籍でもたくさんの単著を出されていますが、Voicy でも日々発信をされています。

　渡辺先生の有料放送の魅力は、「特別支援教育」に関する深い知見と、スキルを知ることができるところです。

　さらに特別支援教育だけでなく、「話し方」などの教育技術の基礎や、教材コンテンツなどの「教え方」に関する放送も配信されています。

　渡辺先生の Voicy チャンネルに進むと、固定された放送に「特別支援オーディオセミナー」が収録されています（2025年1月26日現在）。この内容は、書籍化もされており（『発達が気になる子の教え方 THE BEST』東洋館出版社）、音声と活字の両面から学ぶことができます。

　古舘先生や渡辺先生のように多くの実践を積み重ねてこられた方の書類や映像、音声データなどの情報を得られることは、若手教員だけでなくどの世代の教員にとっても魅力です。

　先達から学ぶことが成長の近道ですので、自分にとって必要なコンテンツを選び、情報を得ていくのも良いのではないでしょうか。

Voicy からリアルへ

　最後に、Voicy を通しての学びの一つに、「リアルな場での

第2章 ｜ いつでも、どこでも、何度でも

学び」について記します。
　先述した古舘先生の「マインドセット会」ですが、令和6年度には数ヶ月に一回、オンラインではなくリアルな場での勉強会が開かれました。
　やはり実際にお会いして、目で見て、肌で感じて、耳で聞くことで、身振り手振りや視線の流し方、場の空気の温め方などを学ぶことができます。
　私たち教員は、子どもたちと関わる際に五感を研ぎ澄ませていますので、やはりリアルな場で先輩教員の立ち居振る舞いを見て学ぶことで得られる情報の価値は、音声のみの場合の何倍にもなるでしょう。
　私は、Voicyを通して学びの世界を広げることが少しずつできています。読者の皆さんも自分に合った学び方から、学びの世界を広げていっていただければと思います。

Voicy 公開収録 2024年11月23日東京神田にて

第3章　光と影

ほどよく楽しむ
Instagram の利活術

竹澤　萌

Instagram の光と影

　Instagram は写真や動画など、視覚で楽しめるコンテンツが軸になった SNS です。日々、学びをアップデートして教育と向き合い続ける私たち教員とも利活用の相性がよく、インプットとアウトプットの双方が手軽にできる万能型ツールにもなり得ます。

　はじめに Instagram の「光」となる魅力的な機能とその特徴を3つに絞って紹介します。

①フィード投稿・リール投稿

　写真、動画、イラスト、文字、音声を組み合わせることで、視覚や聴覚に訴えかける表現ができます。情報を集めたいときには、検索をかけると、自分の興味関心の高い投稿がずらりと並んで表示されるため、比較的、短時間で必要な情報を集めることも可能です。

②ストーリーズ投稿

　①の機能に加え、投稿が24時間で消えるところが特徴で、「期間限定」の特別感を演出できます。自分がフォローしているアカウントのストーリーズが投稿されるとアイコンが光るので、それを合図に素早く内容を見に行くことができます。

そこには質問箱やアンケート機能も付いており、気軽にコミュニケーションがとりやすいのも魅力です。

③インスタライブ

生配信で画面と音声を共有し、コメントのやりとりを楽しむことができます。配信者はその場にいる視聴者のニーズに合わせて返答できるため、比較的、つながりの濃い時間をつくりだすことができます。また、アーカイブ機能も備わっているので、配信者の意思で投稿に反映させて残すことで、フォロワーは繰り返し視聴することも可能です。

このように、一部紹介しただけでも魅力的な機能と特徴があることがお分かりいただけたと思います。情報を受信するにも発信するにも、使い方次第で教員として自己研鑽できる可能性を秘めているのです。

一方で、Instagram の利用にあたって気を付けたい「影」もあります。他の SNS に比べて視覚的なコンテンツに特化したプラットフォームだからこそ、受信・発信の両方で注意する必要があります。いわゆる「インスタ映え」の投稿により、内容が十分でなくても、信用できそうな印象を与えやすいのです。

SNS に限ったことではありませんが、魅力的な光あるものには必ず影があるものです。

これらのことを最初に確認したうえで、この第３章では、インプット（受信）とアウトプット（発信）の双方向の視点から、私が先生方におすすめしたい「ほどよい」Instagram の利活術を紹介します。小学校教員である私の体験と考え方が一人でも多くの方へ伝わり、それが「学びのアップデート」を楽しくする一助になれたら幸いです。

「正しさ」は人の数だけある

　2020 年の 2 月、私は 6 年生主任として子どもたちの卒業を間近に控え、残りの日々を楽しもうと意気込んでいました。そんな時に突然、新型コロナウイルスの影響で「明日から休校」「卒業式はできないかもしれない」と伝えられたのです。そのときのショックは、今でも忘れられません。

　本当に卒業式はできないのか。この感染症はどれくらいリスクがあるのか。他県の学校はどうするのだろうか。当時の私は、とにかく「自分を納得させる情報」が何でもいいから欲しくて、SNS を利用していました。その情報収集先の一つとして Instagram がありました。

　私は、集めた情報をもとに卒業式を実施する際の安全対策を考え、管理職に何度も相談しました。教職員と保護者、児童が納得した上で卒業式が実施できるように、得た情報を整理しては実施計画を何パターンも書き直して提案しました。

　その結果、6 年生保護者の強い実施希望も背中を押して、私の勤務校は卒業式を実施することができました。しかし、私はそれが「正解」だとも思えませんでした。実際、テレビやネットのニュースを見ても、Instagram などの SNS を覗いても、卒業式を中止した学校は全国にたくさんありました。それはそれで「一つの正しい選択」であり、同時にその決断をした人々の「正義の数」だとも思っています。大切なのは自分でたくさん想像し、考え、信じ、実行することなのです。

その情報、信じられますか？

　みなさんは、SNS を利用する子どもたちが目の前にいると

したら、どのような指導や声かけをしますか。私なら
「アップされている全ての情報が正しいとは限らないよ。」
「一つの資料だけで事実だと信じ込むのは危険だよ。」
「どんな人（企業）が書いている記事なのか確認してね。」
「資料が貼ってあれば引用先を見て、そこもたどろうね。」
「データをとった時期に注意して最新情報を集めてね。」
などと伝えると思います。

　それは大人である私たちにも同じことが言えるはずなのですが、先述したように Instagram の魅力に潜む「影」に引きずり込まれてしまう恐れがあると感じています。

　仮に Instagram で情報を集めようとキーワード検索をかけたとしたら、類似内容の投稿が端末画面一面にずらりと並ぶことになります。知りたいと思った情報は、いくつかの投稿を見ているうちにすぐ手に入るでしょう。しかし、そこに並ぶ投稿数は非常に多く、一番上から順に全て目を通すのは、時間も労力もかかるので難しいと感じるはずです。すると、目に止まりやすく、工夫された投稿へと導かれることが予測されます。誤解を招かないように先に伝えておくと、そのような投稿が悪いわけではありません。しかし、中には注意が必要なものが紛れているのも事実であり、それらの情報を受け取る際には、十分に気をつけてほしいと願っています。また、投稿の閲覧数やフォロワー数の多い発信が必ずしも正しいものとは限らないということも確認しておきましょう。

　Instagram では、アルゴリズムを理解し、巧みに扱えば、閲覧数やフォロワー数を増やしやすくできる仕組みになっています。気になる方はご自身で調べてみて、分析されることをおすすめします。

立ち止まる意識を

　みなさんがSNSに情報を求めるのは、どのような時でしょうか。私の場合、困ったことがあっても、なかなか身の周りからは情報が得にくい時や、教育技術の引き出しを増やしたいと感じた時などです。その際は、今一度、慎重になってインプットすることを心がけています。

　最近では、「これさえやれば大丈夫！」「学級経営が成功する○選！」など、うっかり鵜呑みにしてしまいそうな言葉を使った投稿を見かけることが増えました。第1章で古舘先生が先述されているように、そのような万能薬のようなものがあれば、現場で困ることは、何一つありませんよね。だからこそ、そういう情報に出合った時こそ立ち止まりましょう。「そう言い切れる根拠は？」「裏付けできる理論は？」「実践データは？」等、少しオーバー気味に疑いながら、情報を得るくらいがちょうどいいのかもしれません。

　もちろんInstagramには、実際の教育現場で力を発揮し、発信力もある、素敵な先生方もたくさんいます。ただし、その方たちが関わっている子どもたちと、自分の目の前にいる子どもたちは当然違います。魅力的な情報を得て「自分もやってみたい」と思うこと自体は素敵なことですが、教師の思いばかりが先行し、表面をなぞるだけの真似っこで目の前にいる子供たちを置き去りにしないように注意したいところです。実践したらどのような効果が得られそうか、最後まで想いをもちながらやりきることができそうか等、見通しをもつことを大切にしながら活用してみましょう。

可視化された学びの保管庫をつくろう

　私は Instagram の投稿に、上の画像のような自分が実践した授業記録や教室アイテム、子どもたちとの思い出などをアップしています。基本的にフォロワーを増やすことを目的に発信しているわけではありません。あくまで私にとって投稿は、「自分自身のための学びの足跡」であり、アウトプット場の一つにすぎないのです。それらの蓄積が学びの保管庫になっているので、時折見返しては「過去の自分」が仕事にどう向き合い、どのようなことに意識を向けていたのか、「現在の自分」と比較しながら振り返るようにしています。

　このような自己満足な使い方をした Instagram 投稿ではありますが、中には嬉しいことに私のアカウントを気に入って投稿を参考にしてくださっている方もいるようです。投稿に対して想像以上のリアクションがあると、みなさんがどのようなことに高い関心をもっているのかがわかります。それは、「身近にいる先生たちも同じかもしれない」という気付きにつながります。

また、私の実践に興味をもって質問してくださったり、追試した感想をいただけたりすることがあります。すると、自分自身が無意識だった部分に焦点が当たり、それを解決するために学びの視野を広げ、さらなるインプットにつながることもあるのです。「誰かに見てもらう」という環境が、「私自身の学びのサイクルを循環させる」ことも可能にしていると言えるかもしれません。

　みなさんもぜひ、投稿でアウトプットをしてみませんか。内容はご自身が関心のあることなら何でもよいと思います。そのときには、先述した「正しさ」を裏付けできる根拠の提示や、個人情報、著作権等に配慮することを忘れない意識をもちましょう。

　アウトプットを楽しむポイントは、フォロワー数やリアクション数を気にしないことです。それでも「誰かには見てもらいたい」と思った場合は、私のアカウント @mohepipipi にお声掛けくださいね。みなさんのアウトプット場を訪問させていただきます。

ストーリーズとインスタライブでつながりを

　ストーリーズ機能は投稿しても 24 時間で自然に消えるので、その時の気持ちをつぶやいたり、見てくださる方の意見や質問を期間限定で募集したりすることに向いています。

　私の場合は、仕事のことだけではなく、見た映画の感想や美味しかった食べ物など、何気ない日常を流すことがほとんどです。すると、普段の仕事についての投稿ではリアクションを控えている方々も気軽に話題に触れやすくなるようで、より広くフォロワーの方々とつながる機会を得ることができ

ています。フィード投稿やリール投稿のコメントは閲覧者全員に見られる一方で、ストーリーズで示したリアクションは、アカウント本人にしか見られない点もメリットかもしれません。

インスタライブでは、グループなどに所属する会とは違って、同じ時間に偶発的に集まった人たちとお話しができる点が魅力だと感じています。

私は尊敬する先生がインスタライブを行っているときは、可能な限りリアルタイムで参加したいと考えています。直接コメントのやりとりもできるのでまるで同じ空間にいるように感じながら拝聴することができるからです。

私自身がインスタライブを開催するときは2パターンあります。1つ目は、共通テーマをもってお話しするときです。これは事前に日時を告知して興味がある人に集まってもらえるように工夫しています。そうすることで、より具体的な話をすることが可能になります。2つ目はテーマなどもなく何気ないお話しをしたいときです。予告なしでゲリラ的に行うことがほとんどです。たまたま集えた方々とのお話しを楽しみながらつながりを得ることに喜びを感じています。

偽りのない「先生アカウント」作成のススメ

以前の私にとってSNSは、身分の明かされない匿名同士でやりとりを楽しむものだと思っていました。あえて言葉を選ばず言うのであれば、「SNS上だけの偽りの自分」をつくっても特に問題はなかったように感じています。しかし、コロナ禍を境に使用目的は多岐にわたってきていると感じています。

Instagram でも、セミナーや学習会の告知を流したり、ご自身が執筆した書籍の予約を促したりする方が数多くいます。私自身もそのように活用することもあります。すると、例えアカウントが匿名だとしても、身分がわかることもあるため、「SNS 上の自分とリアルな自分の一致」が必要不可欠になってくることは言うまでもありません。

　もともと私は自身のプライベート記録として Instagram を利用していました。ときどき仕事関係の記録を投稿することもありましたが、鍵付き限定公開だったので、面識のある友人が見るだけでした。しかし、次第に教育関係の方々とやりとりが増え、プライベート投稿がメインのアカウントのまま使用することに支障を感じるようになりました。それを機に「仕事用アカウント」を別に作成することにしたのです。

　その結果、公私を分けて Instagram を使用し、先述したような受信・発信を通して仕事がより楽しめるようになりました。日頃から偽ることなく SNS の自分とリアルな自分を一致させていたことで、オンラインでつながった先生方とオフラインで会える楽しみも増えました。

　私の場合、自ら教えていなくても、いつの間にか卒業生や保護者、同僚などの身近な人も見て下さっているアカウントになっていました。匿名で発信していても、黒板の字や教室環境の一部、学級通信などで、私だと認識できたようです。こちらもいつ誰に見られても大丈夫なように等身大の自分を発信していたので、特に困ることもありませんでした。ただし、自分が思っているよりも SNS の世界は狭いものなので、細心の注意と想像力を大切にして使用するべきだと改めて感じているところです。

第3章　｜　光と影

　Instagramでは一つの端末で、複数アカウントを作成することができます。みなさんもぜひ、公私の切り替えを大切にしながら、偽りのない自分を軸にして、様々な利用・活用の仕方を楽しんでみてはいかがでしょうか。「ほどよく」楽しみ、ともに先生としての学びをアップデートさせていきましょう。よかったら私のアカウントにも遊びにきてくださいね。

古舘先生とのインスタライブ

ストーリーズ

リール投稿

第4章　「人」と出会う

X の活用

有吉亮輔

X との出会い

　私が X（旧 Twitter）を本格的に始めたのは、新型コロナウイルスが日本で猛威を振るった 2020 年 2 月のことでした。それまで、アカウント自体はありましたが、まさに見る専門。自分から発信することは皆無でした。

　突然の休校が発表され、家庭学習の準備、児童との繋がりの保ち方、3 月に控えた卒業式はできるのかといった課題に追われ、ドタバタとした日々を送っていました。

　急激な変化に対応する中で心身ともに疲弊し、先の見えない新たなチャレンジに直面していました。そのため、あの時期の経験をマイナスに捉えてしまう人も少なからずいることと思います。

　しかし、今振り返ると、私にとってその時期は決して無駄ではなかったと感じています。同僚の先生方と共に試行錯誤し、互いに支え合ったあの日々は、多くの新たな気づきをもたらしてくれました。

　また、「自分のこれまでの実践」をじっくり振り返り、「これからの教師としての在り方」を見定める貴重な時間をもつことができました。そこで目を向けたのが X でした。それまでは趣味の情報を入手するために使っていたプラットフォー

第4章 | 「人」と出会う

ムが、コロナ禍を通じてまだ見ぬ先生方との繋がりを生む場となったのです。

それはネット上の繋がりだけなく、「リアル」な繋がりに発展していきました。

SNS を活用すれば、全国各地に想いを語り合える「仲間」ができるのです。

なぜ X か？

X は日本国内で 6,500 万人以上のアクティブユーザーを誇る大規模な SNS であり、その特性は他の SNS と明確に異なります。例えば、Instagram や Facebook がビジュアルコンテンツや長文の投稿を重視するのに対し、X は短文での即時性と瞬発力が求められるプラットフォームです。無料ユーザーの場合、140 文字という制限の中で、ユーザーは自らの思いや情報を凝縮し、瞬時に発信します。

このため、X は情報の流れが非常に速く、リアルタイムでのコミュニケーションが活発です。トレンドや話題が瞬時に広がり、世界中の出来事がタイムラインを賑わせます。始めたころの私は、この膨大な情報の中に身を投じ、「情報の質」よりも「情報の量」に触れたいという強い欲求に駆られました。多くのユーザーが自由に意見を交わし、多様な視点が交錯する中で、私は新たな知識やインスピレーションを得ることができると感じていました。

X のメリット

私が考える X のメリットは大きく分けて 4 つあります。

まず 1 つ目は、先述したように圧倒的なユーザー数を誇る

39

ことです。この膨大なユーザーがいることで、多様な情報が集まり、さまざまな視点に触れることができます。

　2つ目は、情報へのアクセスと発信が非常に簡単であることです。手軽に自分の考えや情報を共有できるため、瞬時に多くの人々とコミュニケーションを取ることが可能です。

　3つ目は、情報がテキストだけにとどまらない点です。画像や動画、さらには教材やニュース記事、スペースなど、幅広いリソースに簡単にアクセスできるため、視覚的にも豊かな情報を得ることができます。

　そして4つ目は、発信者との繋がりを容易に築けることです。フォロー、ポスト、リポスト、DMを通じて、直接的なコミュニケーションが生まれ、関係を深めることが可能です。

　今回、SNSの利活用ということで、Xの機能や利便性だけに目を向けるのではなく、どのように付き合っていくかに焦点を当てていきたいと思います。

情報をキャッチしにいく

　「ねえ、今日これで3台目だよ。」

　「やっぱり黒が多いよね〜。どの色にするか悩むところだね。」

　車を買い替えようと思い立った途端、出かける際の妻との会話は車に関する話題が増えていきました。人間は意識していることに関連する情報をキャッチしやすくなると言われていますが、この現象はX内でも同様に起こることがあります。

　「教育」という一つの視点をもつことで、さまざまな情報を「見る」だけにとどまらず、「キャッチ」できるのです。しかも、それが無料で手に入るのですから、多くの情報をインプッ

トするために活用しない手はありません。

あなたの「当たり前」を誰かのために

　私は、小学校教師としての初年度から14年目を迎える2024年度にかけて、ほぼ毎日「学級通信」を書いてきました。どのような内容を書いているかは今回の本のテーマには関係ないため割愛しますが、これは「当たり前」のように続けてきたことです。

　毎日学級通信を書いていると、その内容や熱意を褒めてくださる先生方がいます。自分が大切にしていることに対してプラスのフィードバックをいただけるのは、何よりも嬉しい瞬間です。同時に、自分の「当たり前」が誰かの参考になったり、児童との関わりについて考えるきっかけになったりするのかもしれないと感じるようになりました。

　そこで、私は「学級通信」を軸に発信することに決めました。

意外なところから繋がる面白さ

　「学級通信」の発信を続けたことでXをより活用するようになった、と言いたいところですが、意外なところがきっかけになりました。

　それは「筆文字」です。数年前から筆文字にハマり、その趣味が高じて学級の児童に「筆文字」で言葉を伝えていた時期がありました。書いた筆文字を黒板前に飾り、毎朝自分の言葉で児童を迎えていたのです。児童たちは言葉だけでなく、筆文字特有の味わいや色合いも大変気に入ってくれました。そこで、ふとひらめきました。

　X上で「リクエストしていただいた筆文字」をプレゼント

すれば、多くの人が喜んでくれるのではないかと考えたのです。実際に募集してみると、予想を超える応募がありました。

　私としては、リクエストしていただけただけでも嬉しかったのですが、「ありがとうございます」「宝物にします」「スマホの待ち受けにします」といった多くの温かい言葉をいただきました。当初は「筆文字」を発信することは考えていませんでしたが、実際にやってみることでより多くの方と繋がることができました。

受け取る側から発信する側へ

　ここまで述べてきたように、発信は非常に大切なことだと思っています。SNSにはそれぞれ異なる活用法があり、強制することは難しいですが、自ら発信することで、さまざまな人々がそこに集まってくれるかもしれません。

「こんなことなんて…」「自分なんて…」という思いは今すぐに手放し、とにかく発信することが重要です。児童との関わりで大切にしていることや、授業の中での小さな発見、清掃活動の中での気づきなど、広範囲なテーマでも構いません。どんなことでも、あなたの言葉で表現する価値があります。

自分の考えを言語化することで、心の中にあったモヤモヤが晴れ、新たな気づきがあったり疑問が生まれたりすることもあります。そして、その発信が次のステップへと繋がっていくのです。まるで一粒の種が土に植えられ、やがて芽を出し、花を咲かせるように、あなたの言葉も誰かの心に影響を与えるかもしれません。

画面越しに出会う人々

「産声を上げた瞬間から、1秒に1人と握手をしても世界中の人とは握手できない」という言葉に出会ったのは学生時代でした。出典は定かではありませんが、その瞬間、私の心に深く響き、今でも忘れられない言葉となっています。この言葉から、「人との出会い」がいかに奇跡に近い現象であるかを実感しました。

Xで「学級通信」や「筆文字」に関する内容を発信し始めたことで、「人との出会い」が驚くほど加速しました。現在、約2800人ほどの方々にフォローしていただいています。この繋がりはXをやっていなければ生まれることはなかったものです。

匿名性が高く容姿も分からない相手と対峙するという、一見マイナスな一面を持ち合わせるXですが、「内面」が垣間見えるからこそ、繋がりを加速させてくれることもあると

思っています。

出会いが繋がる

　発信を続けていると、思いがけない形で出会いが花開く瞬間があります。その一つが、だいじょーぶ先生が主催していた「10分実践会」に参加したことです。私の発信をキャッチしてくださり、オンライン上での実践発表にお招きいただけたのです。何気なく続けていた発信が、まるで新たな扉を開くかのように、さらに人との出会いを加速させてくれる「アウトプット」の場へと引き寄せてくれました。

　当時の私は自分の実践について話す機会など全くありませんでした。オンラインならなおさらのこと。最初は「自分なんかでいいのか」と不安に駆られ、足踏みをしかけましたが、思い切って飛び込んで本当に良かったと心から感じています。

　この経験を皮切りに、「自分の実践を語ってもいい」という強い思いが芽生えました。決して慢心するわけではなく、むしろもっと磨いていきたいという熱い情熱が心に灯った感覚です。インプットのみのXが、アウトプットの場となったことを、身をもって実感することができました。

　実際に、他にもオンラインで実践発表をする機会をいただいたり、Xの繋がりから、「オモロー授業発表会 in 一宮」というオフラインでのセミナーに登壇させていただくことなどもありました。

共に高め合える人々との出会い

　私は現在、オンラインサークル「まほろば」に所属してい

ます。約2年前、共同代表であるななにんさん、板男さんに
お声がけいただき、この素晴らしい場所に籍を置くことにな
りました。現在、6名で活動しており、月に一度はオンライ
ンで顔を合わせ、それぞれの実践や学級通信について語り合
い交流を深めています。2023年度の3月には「学級通信交流
会」を企画し、全3回が100人満員御礼の盛況となりました。
　ここまでお話しすると、その出会いもこのXを通じてのも
のであることに気づかれるかもしれません。その通りです。
　Xを介して「学級通信」という共通の言語で繋がり、同じ
熱量で教育について語り合える仲間たちに出会えたことは、
私の人生にとってかけがえのない財産となりました。
　ただのSNSで終わらせるのではなく、「人との出会い」を
生み出すツールとしてXを活用してみてはいかがでしょう
か。新たな繋がりが、あなたの世界を広げてくれるかもしれ
ません。

音声発信も面白い

　今年度はテキストでの発信だけでなく、スペースを活用し
た音声の発信もスタートさせました。4月、異動初日を迎え
た私は、心が全然落ち着かず、まるで不安の波に飲み込まれ
そうでした。そこで、誰かと話せば少しは気が紛れるのでは
ないかと思い立ち、始めたのがスペースでした。その日、偶
然にもスペースに入ってくださったまほろばのメンバー、こ
ざさんと盛り上がる中で、毎日スペースを開くことになりま
した。
　即興的なやり取りは、文字での発信では得られない緊張感
や楽しさがあり、まるで新たな風が吹き込むような感覚です。

朝の時間、心を整え、マインドセットをしっかりと行いながら教壇に立つことができています。

　毎日のスペースが講じてか、6月あたりからは、「大人のクラス会議」と題して、毎週金曜日、日頃の悩みを打ち明ける機会にもなっています。

オフラインがすべての土台に

　X上で多くの人と繋がることは、きっとあなた自身にとって大きなプラスとなるでしょう。しかし、XはあくまでXです。新たなコミュニティに身を置くことも大切ですが、勤務している学校であったり、Xに関係なく、私と繋がりをもっている方々との関係性も重要です。

　目の前にいる児童にとって、あなたはその道しるべとなる先生です。X上で得た情報をもとに多くの実践をするのも素晴らしいですが、まずは目の前の児童や同僚の先生方にリスペクトをもって接することが大切です。

　「画面の向こうには人がいる」ということを忘れないでください。Xの匿名性は、時に攻撃的な言葉を交わしやすくしてしまう現実があります。私自身、相手が目の前にいないからこそ、言葉を紡ぐ際には特に気をつけています。ユーザーが多ければ多いほど、自分の考えと異なる意見に出会うのは当然のことです。他の人の発信の裏には、さまざまな葛藤や悩み、実践があったであろうことを容易に想像できます。

　画面の向こうには、あなたと同じように思いやりを持つ人がいます。その人には大切に思う家族があり、慕う児童がいるのです。たとえオンライン上であっても、「人との関わり」であることを常に意識し、自分の言動には十分に気を付けて

いきたいものです。

最後に

　SNS でアップされるキラキラとした内容が苦手という人も
いるかもしれません。自分の心にゆとりがないと、他の方々
の発信をプレッシャーに思うことだってあるかもしれませ
ん。しかし、そこで落ち込む必要はないのです。あなたはあ
なた。SNS が急激に発達し、多くの人々と瞬時に繋がれる今
の時代だからこそ、唯一無二の自分自身を大切に、自分がど
う在りたいのかを考えることが大切だと思っています。

　「会いたいと思ってもらえる人になる」これは私が人生に
おいて大事にしている言葉です。

　この本をきっかけに、SNS を通じて多くの方と繋がること
は悪いことではないと感じていただければ幸いです。

第5章　チャンスの幅を広げる

若手こそ、
Facebook を

神馬　充

なぜ今、Facebook なのか

「10 年前にアカウントはつくったけれど。」「アカウントはつくっているはずだけれど、しばらく動かしてないなあ。」これは、実際に僕の友人に Facebook について尋ねたときのリアクションです。読者の皆様も、もしかすると同じような状態だったりするのではないでしょうか。

僕自身がアカウントをつくったのは、2013 年。当時大学1 年生だった僕は、Twitter（現 X）に続いて、何やら周りのみんながアカウントをつくっているぞ！ということで、Facebook アカウントを作成しました。とりあえず、知っている人同士で友達申請をし合ったことを覚えています。特に何も投稿をすることはなく、全く動かさないまま。気が付けば 2021 年。Instagram、Voicy、TikTok など新たなサービスが溢れかえっている時代になっていました。

ネットで「Facebook」と検索すると、「Facebook 誰もやってない」「Facebook　終わり」という関連ワードが出るほどに。

利用者平均年齢が高い Facebook。しかし僕は、「若手だからこそ」Facebook だと思うのです。

友達等を整理し、「教員アカウント」として、本腰を入れ

てSNS活用を始めたのは、2021年。教職5年目の年です。初任校最後の年でもあり、教師という仕事が見え始めた時期。同時に自分の中で教育観みたいなものも芽生え始め、卒業学年も2度経験。自信をもち始めた頃でした。まだ、若手で校務分掌も少なく、教室に思う存分、時間をかけることができます。より良い実践を積み上げるには、これ以上ない条件が揃っていました。そこで、「自分がやっていることは、果たして正しいのか？」と疑問が湧くと同時に、より多くの人に今、目の前にある「自分の教室の事実」を知ってもらいたいという思いに駆られました。生意気ながら、自分の発信でどこかの教室のどこかの子どもたちが少しでもハッピーになればとさえ思っていました。そこで、SNSを活用することにしたのです。

　そんな中で、なぜ僕がFacebookを軸にSNS発信を続けたのか、大きく分けて3つの理由があります。これらは、Facebookというツールの大きな強みともいえるでしょう。

　1つ目の理由は実名発信がスタンダードであることです。「実名」は覚悟が決まります。中途半端なことは発信できません。より「教室の事実」を大切にしたい自分としては、実名で、偽りなく目の前の事実を発信したかったのです。実名で事実を積み上げる覚悟は、大きな力量形成につながると思いました。

　2つ目は、文字数制限がないことです。これもFacebookの大きな特徴の一つです。詳細は、後に書きますが、教師の仕事＝言葉を届ける仕事と言えると考えています。教師にとって「言葉」は欠かせないものです。授業も、指導も、語りも、励ましも、ほめ言葉も。いかにして「言葉」を届ける

かという営み。その「言葉」を磨くための第一歩が「書く力」を高めていくことだと思っています。

　その際に、大切なことは「量」。とにかくまずは、「量」です。量質転化の法則があるように、ある一定量をこなすことで、質が伴ってきます。僕のようないわゆる普通の教師の場合、とにかく量をこなす必要があると思いました。だから、文字数制限のないFacebookだったのです。

　3つ目は、利用者の年齢層です。Facebookの利用年齢層の多くは、30代から50代。ビジネスシーンで利用することが多いようです。そうなると多くの場合、会社やその組織である程度社会経験のある人が利用していると考えられます。

　つまり、若手の実践を目にするのは、上述した通り。組織でより多くの経験値をもつ人たちである可能性が高いわけです。

　そこに自分の教師としての力量形成の「チャンス」の幅が広がるという可能性を感じたのです。そこから、かれこれ3年ほど基本的に毎日Facebookの投稿を続けました。

「言葉」という武器

　教師の仕事は、「言葉」をいかにして届けるかだと書きました。つまり、「言葉」の届け方が教師の力量の大きな柱であると考えています。

　「言葉」には、大きく「話し言葉」と「書き言葉」があります。では、どちらから磨くと良いのでしょうか。

　いろいろと学んでいる今、現在の僕なりの答えは「書き言葉」です。

　メラビアンの法則はご存知でしょうか。アルバート・メラ

ビアンが論文「Silent messages（1971）」で発表したものです。人は情報を何から受け取っているのかをパーセンテージで示したもので、それによると、言語情報（話の内容）7％、聴覚情報（声の大きさ、リズム、テンポ）38％、視覚情報（姿勢、服装、ジェスチャー）55％となっています。これは、言語情報が7％だから大切ではないということではなくて、だからこそ磨く価値があるということです。「話し言葉」は、話し方や見た目など様々な要素が絡み合って相手に届きます。しかし、「書き言葉」は、基本的にテキスト一本勝負。テキストのみで、いかにして相手に届けるかを考えるわけです。つまり「書き言葉」を磨くことで、7％の言語情報が磨かれるというわけです。それをもってして、声や見た目をかけ合わせた「話し言葉」になったとき、より相手に届きやすくなることは、想像に難しくないはずです。だからこそ、「書く力」を磨いていこうと考えています。

　書く力を磨く手段として、「学級通信」があります。僕自身も毎日学級通信を発行しています。Facebookでのアウトプットは、それに近い考えです。ただ、届ける相手は、基本的には学級のことや学校のことをそこまで知りません。より言葉を選ぶ必要があり、描写的に書く必要があり、適度に負荷がかかります。より書く力を磨きやすい環境だといえるでしょう。

　そもそも、書くためには、「見る」必要があります。「感じ取る」必要があります。「気が付く」必要があります。そして、それを「言語化」する必要があります。こういった教室を切り取る力も同時に育まれることは、教師としての力量をアップさせるにあたって、大きなプラス要素です。文字数に制限

がない Facebook だからこそ、細部を見取り、考え、言語化する場をつくりやすいのではないかと思うのです。

僕は、毎日約 1000 文字〜 2000 文字でアウトプットしています。ある程度の量を自分に課すことで、教室を見るアンテナもより高まります。また、「30 分以内で」と時間も決めて書いています。より限られた時間で言語化する訓練を日々 Facebook にて取り組んでいるわけです。

すべては「教室」から

具体的にどんな発信をしているのか。

「目の前の教室の事実から自分が考えたこと」が最も多い発信内容です。その他にも、自分自身の指導のふりかえり、何気なく目にしたニュースや映画などから考えたこと、読書やセミナーのアウトプットを発信することもあります。

共通していることは、ハウツーというよりは、考えとか気づきとかといった「ふりかえり」として発信しています。

今日という 1 日が「カタチ」として残ることが、ふりかえり型の発信の良さです。うまくいかなくたって、カッコ悪くたって、今日を生きていることそのものが幸福です。

生きているだけで宝物。そんな 1 日に、より彩りを与えるのが「ふりかえり」だと思います。鮮度高く、今の思いや考えを保存する。こんな活動をしてみてどうだったか、こんな授業をしてみてどうだったか、こんな語りをしてみてどうだったのか。それは子どもたちにとってどうだったのか、自分の至らなかった点はどこなのか、すぐに改善できることは何か、長期的に磨かなければならないことは何か。ふりかえり型の発信を続けていくことで、こういったことが見えてき

ます。すると、明日はどうしようか、次はこうしてみようか
というエネルギーが湧いてきます。

　以前、教室に「自分事」として、動き出す仲間の姿があり
ました。プリントに気が付いて配ったり、黒板を進んで消し
たりする姿です。この事実から、「こういった自ら考え判断し、
動き出せる子どもたちが多い。」と教室にある豊かな子ども
たちの成長を再確認できました。

　さらに、「そういった仲間の素敵な動き出しに、しっかりと
気が付ける仲間たちがいる。気が付いてくれる仲間がいるこ
とで、認め合える雰囲気が教室に生まれる。それにより、自
分事として動き出せる子どもが続々と増えるのでは？」と一
つの仮説のような考えを持ちました。「そうすると、動き出
す子どもたちはもちろん、それに気が付ける仲間たちの温か
な眼差しについても、一つの価値として教室に届けることが
できるな。」とまた、明日につながる思考を巡らせるわけです。

　ちなみに、Facebook には「一年前の投稿」が、定期的に
出てくる仕組みがあります。この機能により「一年前は、こ
んなことを考えていたのか。」と、さらに深くふりかえったり、
自分の変化を再確認したりすることができます。かなりの熱
い思いに自分自身を励ましたくなったり、荒削りな内容に顔
から火が出そうになったり、調子に乗っているなと自分自身
を戒めたくなったり。なかなかおもしろいです。笑

教育観が一変するほどのダイナミックな学びへ

　Facebook のメリットのもう１つに、「つながり」を生み出
しやすいことが挙げられます。

　Facebook では、「グループ」をつくることができます。オ

ンラインサロンのように有料で参加するグループもあれば、無料で地元のラーメン屋さんについて語り合うグループもあるなど、グループの在り方は様々。基本的には、無料で「サークル」のような感覚で、グループが存在します。

　教育関連でも様々なグループがあります。「菊地道場○○支部」「『学び合い』の会」「ロイロノート活用」「黒板アート」など、書き出したらキリがないほど。

　このようなサークル感覚で、グループに参加できることが、Facebook の大きなメリットでしょう。

　グループへの参加者は、同じことに興味があったり、感覚が似ていたり、大切にしている理念が共通していたりすることがほとんどです。いわば、共通言語をもっています。この共通言語により、普段より踏み込んだやり取りができますし、より深いところで意見を交わし合うこともできます。そんな同志とつながれることは、これから力をつけていく若手の先生方にとって、ものすごく価値の高いことです。

　また、この「つながり」をより深くする際に効いてくるのが、「実名」です。

　実名発信であることで、信用性がある程度担保されています。そのため、テキストでのオンライン上のつながりから、Zoom（顔出し）でのつながり、さらにオフラインでの対面のつながりへと発展しやすいのです。これは、自分自身の経験をふりかえっても強く思います。

　最大の教育環境は「人」であると言われているように、誰と一緒にいるか、誰とつながっているかで、得られる学びは変わります。誰と共に過ごすかということは、一人の人としての「生き方」を左右するほど大きなものだとさえ考えてい

ます。

　そういった視点から見ても、より良い「つながり」を生み出すために、Facebook を活用することは一つ有効な手段だといえるでしょう。

　私自身、Facebook で生まれた「つながり」に救われた経験があります。

　どうしようもなく学級がしんどくなってしまったことがありました。それは自分の力の無さがすべてであり、目の前の子どもたちのことを思っているようで、自己実現に走ってしまっていたことが原因です。目の前の子どもたちは、何も悪くありません。でも、どうにもこうにもしんどいという事実もそこにありました。自分に原因があると気づき、それを受け入れたからといって、すぐに事態が好転するものでもありません。学校にも迷惑をかけているという申し訳なさから、勝手に職員室での居心地を悪くしていた自分。そんな自分を励ましてくれたのは、Facebook を通じてつながった方々からの言葉でした。

　また、到底一人ではたどり着けないような大きな学びも得ています。講座やセミナーへの参加、模擬授業への挑戦など、ありがたい機会をいただけたのも、この Facebook を通して巡り会えた人たちとのつながりのおかげです。何より、古舘先生とのつながりがまさにそうです。今回この執筆に携わらせていただけたご縁も、Facebook でのつながりから生まれたものです。2024 年 8 月には、古舘先生の学級を参観させていただきました。古舘学級にある「教室の事実」を全身で感じた経験も、Facebook でのつながりなくして生まれなかったでしょう。オンラインからオフラインへ。学びの範囲は、

広がり続けています。

　「人」とのつながりの中で、自ら足を運び、対面して得たダイナミックな学びは、これまでの教育観を大きくひっくり返されるほど強烈なものばかりです。今は、移動距離に関係なく、全国に足を運んで学びを掴み取るように動いています。

まず守備から　まず負けないこと

　もちろん SNS、しかも実名発信であるということで注意すべき点もあります。

　特に僕自身が気を付けていることは 2 つです。

　1 つ目は、個人情報の扱いです。自分自身の個人情報はもちろんですが、最も注意すべきは子どもたちや学校に関すること。内容面もそうですし、写真等の素材の面もそうでしょう。あくまで一個人のアカウントからの発信であることを忘れてはいけません。教室の様子を内容上発信したいときに、モザイク加工をして写真を投稿するという方法もあるかもしれませんが、実名発信している以上、学校やそのクラスが特定されるリスクがあります。自分自身のことであれば自己責任ですが、子どもたちや学校のこととなると、一人では背負いきれません。そんなことを上司からも教えていただき、常に「自分で責任を追える範囲か？」という視点をもって、内容を検討し、発信をしています。

　また、Facebook には「共有範囲の設定」があります。誰でも見られる範囲への「公開」や、友達としてつながり合っている「友達のみ」への発信か。より広い範囲へ発信することで、新しいつながりは生まれやすいですが、誰でも見られるという点は、リスクマネジメント的にデメリットとして働

くこともあるでしょう。内容や状況によって上手に使い分ける必要がありそうです。

2つ目は、内容について。これは、SNS活用に限らず、教師をする上で、自身に誓っていることです。それは、「否定」「批判」の類の発信・発言はしないということです。

目的は力量形成です。自分自身の教員としての資質能力を磨くこと。つまり、矢印を向けるのは常に「自分」です。

他がどうだから、学校がどうだから、子どもがどうだから、保護者がどうだから……。となった時点で、自分の成長はありません。また、そういったマイナスの発言が蔓延るところに、豊かなつながりは生まれないでしょう。常に、矢印は「自分」に向けることです。繰り返しますが、これはSNS活用に限ったことではありません。

Facebook活用のメリットや留意点を自身の経験や思いを踏まえて書いてきました。SNSは素敵な学びの種で溢れています。SNSを怖がらず、味方につけて学びの一歩を踏み出しましょう。

第6章　全国との学びの場

LINE で新たな仲間と
新たな世界へ

増本幸治

誰もが使っているアプリ「LINE」

　言わずとも、スマートフォンを持っている人の誰もが使っているアプリ、それが LINE。それについての説明はもう必要ないでしょう。では、一体どれほどの人が、それを教師としての学びとして活用しているのでしょうか。それを知るために、私が運営している地域の若手サークルで、SNS の利活用のアンケート（複数回答）をとりました。一番多く利用していたものが、Instagram（72％）でした。そして次に、X（42％）、Voicy（35％）と続きました。では、LINE はというと、わずか 16％という結果でした。これは、私の地域の結果ですので、一般的と言えるか分かりませんが、恐らく他の地域でも LINE を活用して学んでいる方は、そこまで多くないのではないでしょうか。では、なぜ LINE はあまり活用されていないのでしょうか。いくつかの要因はあると思いますが、恐らく LINE を使って学ぶ環境の存在、そしてその良さを知らない方が多いのではないでしょうか。また、LINE での学びに対する懸念や問題点がいくつかあることも考えられます。

　LINE グループには、「グループトーク」と「オープンチャット」の２つが存在します。まず「グループトーク」では、

LINE アカウントを用いるため、誰とでも友達になり、繋がることができます。しかし、繋がりたくない人とまで自分のアカウントを知られてしまうデメリットがあります。その点、「オープンチャット」では、トークルームごとにプロフィールを設定できます。LINE に登録している名前とプロフィール画像は公開されないので、個人情報がバレる心配もありません。匿名性が保たれ安全に使用することができる一方、相手のことがよく分からないため不安に感じる人もいるかもしれません。それぞれのメリットとデメリットを理解してからグループに参加してみるとよいと思います。

LINE グループ「六担部屋」との出会い

　私は、LINE での学びの利便性や重要性を感じ、教育に関する LINE グループにいくつか所属しています。その中でも、この本の代表編集者である古舘良純氏（以下、古舘先生）が運営するオープンチャットの LINE グループ「六担部屋」について述べます。まず、「六担部屋」を知ったのは、2021 年度の冬です。その時、私は 6 年担任をしていました。冬休みに何気なく、Instagram を見ていると、フォローしていた古舘先生のストーリーに 6 年担任だけの勉強部屋（LINE グループ）を作るという内容が告知されていました。今まで色々なオンラインや SNS での学びに参加したものの、6 年担任が集う学びの場はありませんでした。それを目にし、妙に胸が熱くなり、すぐに参加を決意しました。古舘先生に DM（ダイレクトメッセージ）を送ると、快く受け入れてくれました。初めてのオープンチャットに戸惑いながらも、同じ 6 年担任の仲間に出会えるという喜びでいっぱいでした。

入るや否や、すごいコメントの数々で驚いたことを覚えています。全国各地の6年担任がすでに50名以上加わっており、自己紹介を兼ねて頑張っている教科などのやり取りが行われていました。最初はみなさんのコメントを読むだけでしたが、そのような時に、古舘先生がZoomでのオンライン会を開いてくれました。そこで、古舘先生をはじめ、20人ほどの先生と実際に顔を合わせて話をすることができました。古舘先生とは初対面でしたが、思いの外、優しかったことを今でもよく覚えています（笑）。そこで、安心感を得てからは、自分もそのLINEグループの中で、考えや実践していることを打ちこみ始めました。それからというもの、このLINEグループは、私の日常となりました。

六担部屋（R3年度「冬・別れ」）で学んだこと

この時のグループは、タイトルからも分かるように冬から卒業までの限定でした。6年担任にとっての冬は、卒業が間近に迫っており、緊張感や高揚感が高まる時期です。「お別れ集会（6年生を送る会）はどうするか」、「卒業に向けて何をすべきか」など誰もが悩みます。そのような時に、古舘先生を中心に問いを投げかけたり、悩みを打ち明けたりしてくれました。それに反応し、みんなが自分の考えや実践をコメントしていきます。それを読むのはもちろん、自分の考えを打ちこむことで、自分の学級を見つめ直したり、子どもたちとの向き合い方を考えたりすることができました。

特に心に残っているテーマが「停滞期をどう乗り越えるか」というものです。右の資料は、みなさんの考えを聞いて、自分の考えを打ちこんだものです。ただ、読んだり話を聴いた

りするだけでなく、このように打ちこむことで、自分の考えを整理することができます。

また、私が打ちこんだ内容に対して、コメントをくれる方もいます。このように、双方向のやり取りを大勢の人と気軽に行うことができる点がLINEグループの最大の特徴だと思います。

たくさんの方の考えに触れることができ、自分の「観」が磨かれていきます。

さらに、卒業式が近づき、「どのような形の卒業式を行うのか」についてたくさん交流しました。この年度の卒業式当日の黒板は、ここで出会った方の黒板を参考にさせていただきました。子どもや保護者からも好評で、私自身も思い出に残る黒板となっています。

停滞期と感じた時
①とにかく遊ぶ、はしゃぐ
②原点に立ち返らせる→学級目標を立てている時、話し合っている時、作成している時の画像や動画など提示する
③新たな取組を始める
④子供達と今の学級について振り返るとともに、教師の思いや願いを語る
⑤尊い姿や価値高い姿を提示して、新たな目標を立てる
⑥とにかく見守る、見つめる

などなど考えました。

こうじさんのを見て
私もやってみました！

停滞期と感じた時
①気になるポイントを伝える
→それについてどう思うか、どうしていきたいか考えさせる
②クラスの課題に気づいた子どもに伝えさせる
③自分自身のテンションを無理やり上げる
④とにかく美点凝視を意識する
⑤しばらく様子を見る

こう、考えて書き出してみるとこの1年間、自分が横の線で貫くという意識が抜けがちで、縦の点での指導が多かったなということがよくわかります。

チャンスをピンチにしてしまっていたなぁと思います。

当時はコロナ禍であり、濃厚接触となり卒業式に参加できない子の対応をどうするかというのも重要な問題でした。私の学校が行ったZoomを使ったオンライン参加を伝えると、それを参考にし、感謝されたこともありました。私の発信が役に立ったことを知り、感慨深い気持ちになりました。

卒業式が近づいたり、終えたりすると、励ましや労い、感

謝の言葉が飛び交いました。卒業式に向けて一緒に頑張っている仲間がこんなにも大勢いるという気持ちになり、非常に勇気づけられました。このように、たくさんの学びを得たグループも卒業式を終え、グループ名の通り「別れ」となりました。寂しさはあったものの、これが LINE グループ「オープンチャット」の特徴かもしれません。

「六担部屋」との再会

それから月日が経ち、2024 年 4 月。再び 6 年担任をすることに決まりました。そして、またもや目にした古舘先生の Instagram のストーリー。同じく「六担部屋」の案内がされていました。今回も、速攻で参加を申し込みました。加わると、すでに 150 名を超すほどの人（2025 年 1 月現在は 199 名）が参加していました。またもや最初は様子見（笑）。でも、

みなさんの投稿に刺激され、勇気を出して打ちこみを開始しました。「運動会の表現活動はどのようなものをやるのか」「どうすれば委員長になりたいという思いを児童にもたせることができるのか」「修学旅行のグループ（部屋）決めはどのようにするべきか」などの問いの数々。6年担任なら誰もが悩むテーマだと思います。特に6年担任を初めて経験する方なら、なおさらです。一般的には、自分ひとりで抱え込むか、同僚の先生に相談するかのどちらかだと思います。でも、このLINEグループがあるおかげで、色々な先生の学校の様子や考えを知ることができます。悩みを打ちこむと必ず誰かが反応してくれます。それが満足いく答えとは限りませんが、色々な考えに触れることで、自分の考えを見つめ直したり、新たな考えが生まれたりすることに繋がることがあります。

　もちろん、6年担任ならではでなく、「学級（学年）目標はどのように立てているのか」「学習参観で何をするのか」などの問いもありました。これも、同じ6年生ということで、参考になるものばかりでした。また、「ゴールデンウィーク明けの不適切な言動に対してどうするべきか」「挨拶をしない子へどう対応すべきか」などの悩みもありました。これらについては、『続・小学6年担任のマインドセット』（明治図書）の執筆陣を中心に、多様なアプローチが提案されました。悩みを打ちこんだ先生のみならず、同じ悩みを抱えた先生方は、誰か一人ではなく、複数の先生の考えを聞き、これまでの指導の在り方を見つめ直し、今後の対応を考えることができたのではないでしょうか。

LINE での学びのメリット

　これまで、LINE での学びの良さを私の体験を中心に述べてきました。ここでは、他の先生方が LINE での学びの良さをどのように感じているのかについて述べていきます。今回の執筆にあたり、今の「六担部屋」の先生方に、アンケートで回答をいただきました。

・全国の 6 年生の情報がほぼ毎日入ってくる。自分の地域だけではない、技術や方法をいち早く知ることができるので、明日に生かせる。LINE なので、X（旧 Twitter）より相談しやすく、さらにたくさんの情報が入ってくる。

・自身のこうあるべきという、凝り固まった「6 担」像をぶち壊し、目の前の子たちに本当に寄り添った関わり方をしたかったので参加している。メリットは、みなさんのアイデアやマインドを学び、自分の学級に還元することができるようになってきたこと。

・自分と同じような悩みを気軽に共有し、相談できること。また、自分が悩んでいることについて、過去に乗り越えた方からお話を聞き、自分のクラス、学年、学校に生かせること。

・同じ 6 年生を担任しているということで、同じぐらいの時期に同じような悩みをもっていたり、葛藤があったりすることを知り、安心することができる。一番は、色々な人の考え方ややり方を知ることができ、自分の実践に生かせること。

・場所や時間を問わず学べる。また、本やセミナーでは聞けないようなところの細かい話（修学旅行のグループ決めな

ど）も話題としてくれるところ。

この他にも、LINE グループ「六担部屋」で学ぶ良さについて多くの回答をいただきました。全ての LINE での学びに共通するものではないかもしれませんが、このような学びや安心感を得る LINE グループが現にあることを知ってほしいと思います。

LINE での学びの課題、気をつける点

では、LINE での学びは良さしかないのでしょうか。もちろん、そのようなことはありません。課題や配慮する点がいくつもあります。

まずは、他の SNS より匿名性が高いということが挙げられます。特にオープンチャットの場合や大勢が参加している場合は、人物像が全く見えません。どのような人がいるのか分からない状態での発信なので、表現の仕方などに注意を払う必要があります。これについても、先ほどと同様にアンケートをとったのですが、「書き言葉のみのやりとりなので誤解を生まないよう言葉選びには気をつけている。」「発信する際は、何度も読み返す。」「違う受け取り方をされないか、傷つく人が出ないか不安になる。」など表現に気をつけたり、不安に感じたりしていると答えた方が多かったです。

次に、発信したいと思っても、表現の難しさや人数の多さ、自分の意見に対する自信の無さなどの理由から、発信に対して消極的になっている方も多くいました。発信や反応をしない方は、当事者意識が薄れ、インプットだけの学びとなります。もちろん、それでも十分な学びを得ることはできますが、

主体的ではなく、受動的な学びとなってしまいます。

　さらには、他の SNS 同様に、校務に関する情報、個人的な情報が、外部に漏れないように気をつけることは当然です。オープンチャットなど個人が特定されにくいこと、LINE の手軽さなどにより、注意力が低下しやすくなることも懸念されます。学校の情報や児童の個人情報の取り扱いには細心の注意が必要です。

効果的な LINE の利活用、そして大事にしたいこと

　このように私たち自身が情報モラルや情報リテラシーを身に付けていく必要があります。そうすることで、参加した人を含め、安全・安心な環境の中で気軽に学ぶことができます。また、顔が見えにくいという不安さを解消するために、オンラインでの定例会を開いて学びを共有し深める時間をもつことも安心へと繋がる方法の一つだと思います。現に私も、オンラインで繋がったことで、今までより発信しやすくなりました。メンバーと「関われる」から「関わる」、「関わる」から「繋がる」のような発展的な関係ができたら良いのではと思います。「六担部屋」のように多くの人が参加する LINE グループであるほど、オンラインとの併用がよいように感じます。

　今、「六担部屋」に限らず、LINE を活用した学びのグループはたくさんあります。X や Instagram、Voicy などを活用していれば、LINE グループの告知や紹介に出会うことがあると思います。自分の興味、関心に合った LINE グループに参加し、学びを深めていってはどうでしょうか。きっと新しい仲間、新しい価値観に出会うことができると思います。色々

な情報が入ってくることはもちろん、双方向のやり取りをすることで、スキルアップできること間違いないと思います。

　ただし、大事にしないといけないことは、LINE も含め、SNS での学びは、私たちの成長を支えるものであり、それが教師の成長の中心ではないということです。目の前の子どもたちや保護者と向き合い、同僚と語り合うことを中心に据えることが重要だと思います。

　最後になりますが、最初に参加した「六担部屋」のある先生の言葉を紹介して終わります。『初の６担でプレッシャーが大きかった中、このグループは「お守り」のような存在でした。』　ぜひ、みなさんも LINE を「お守り」のようなツールとして活用してみませんか。そして、いつか共に学べる日が来ることを願っています。

第7章　書いて「実践」を磨く

noteの活用
～発信せよ！～

井上拓也

インプットか、アウトプットか

　「教師が学ぶ」ということを考えたときに、研修に参加したり、読書したり、先輩に話を聞いたり、まずはインプットすることが大切だ！という話があります。そうかと思えば、発信することが大事だ。アウトプットを前提にしたインプットをしなければならない。そうすることで学びがより深いものになるのだ！という話もあります。インプットとアウトプット、どちらが大事なのでしょうか。

　思い返せば、高校生の頃にインターネット上で日記を書き始めたのが私の発信のスタートでした。その名も部長日誌。水泳部の部長として活躍していた（？）私が、毎日の練習メニューや自分の考えていること、高校生のたわいもない日常などを書き残していくという、100パーセント自己満足の世界でした。当時は、掲示板とよばれる場所で感想をもらったり、コミュニケーションをとったりしていました。自分が発信したことに対して反応が返ってくること。それを

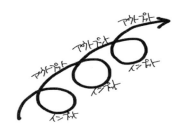

きっかけに交流が生まれること。そして、自分の考えがアップデートされること。時間が経ってから読み返したときに、自分の言葉にハッとさせられたり、成長を感じたりすること。時間も距離も国境さえも飛び越えることができる。その可能性に夢中になっていました。高校を卒業してからも、浪人をしながらブログを立ち上げ、受験勉強法を発信していました。大学生から社会人になってからも、インターネット上で発信し続けています。そこで生まれたつながりや、そこで得た新たな知見は大きな財産になっています。

　さて、冒頭の問いに戻りましょう。インプットとアウトプットのどちらが大事か。私の答えは「どちらも大事」です。正確には、「インプットとアウトプットのサイクルを回すことが大事」です。インプットとアウトプットは表裏一体です。インプットの質が高まることでアウトプットがより良いものになり、次のインプットもまたより良いものになる。このサイクルを回していくことが、「教師が学ぶ」ということではないでしょうか。

　教師にとって何よりのインプットは、毎日の教室です。

　あなたの目の前にいる子供たちと過ごす毎日は、あなたにとって一番のインプットであり、他の誰にもまねできないことです。そこで感じたことや、実践したことをまとめてアウトプットすることで、自身の教室での姿を自分で認識しなおしたり、他者からのフィードバックをもとに、改善したりすることができます。

　「教師が学ぶ」ために SNS を活用することで、インプットとアウトプットのサイクルを回し、その質を高めていくことが重要なのです。

なぜnoteなのか？〜他のSNSとの違い〜

　今、私が発信の軸としているのがnoteです。noteは、かつてのblogサービスに近いSNSです。まとまった量の文章が書けるほか、動画や画像を使用したり、リンクを貼ったり、マガジンとしてそれぞれの記事を整理したりすることができます。百聞は一見に如かずということで私のnoteのページをいちどご覧ください。

　なぜ、他のSNSではなく、noteを軸としているのか。それは、他のSNSとnoteとの違いによります。例えば、ある実践を発信したいと思ったときに、文字数の制限があるXや、静止画が主のInstagramでは、十分に伝えきれないことがあります。私自身の力不足で、表面だけを切り取られて、意図とは違う伝わり方をしてしまったこともありました。その実践の背景や、自身の深い願いなどを余すことなく表現できるのが、noteというメディアの強みです。自分の実践やマインドを発信することで、自分の力を磨きたい、という私にとって最適なのがnoteなのです。

なぜnoteを書くのか？〜書くことで磨かれる３つの力〜

　そもそも書くことが苦手だったり、書くことに抵抗がある人もいると思います。忙しい毎日の中、わざわざ時間を使ってnoteを書く意味はあるのでしょうか。答えはYESです。正直、noteを書くことは楽ではありません。しかし、書くことによってしか磨かれない力があります。そして、その力はこれから教員生活を送っていく上で、あなたにとって大きな助けになります。

noteを書くことによって磨かれる力は大きく３つあります。１つ目は、自分の実践を見る目が鍛えられるということです。「見られている」という意識が、自身の実践を振り返る目を鍛えます。自分の記録のために書くということと、誰かに見てもらうことを前提に書くということは、別物です。自分の実践や考えをより客観的にみることができなければ読者には伝わりません。読み手はいったい何を知りたいのか。読み手はいったい何を見たいのか。読み手はいったい何を求めているのか。他者の視線を意識することで、自分の実践やあり方を深く洞察することができます。

　２つ目は、伝える力が鍛えられるということです。「伝えたい」という思いが言葉を鍛えます。こういう人に読んでもらいたい、と対象を明確にすることで、相手に伝わりやすい言葉を考えるようになります。これは、教室や職員室で自分の思いを伝えるときに、そのまま生かすことができます。誰に伝えたいのかをはっきりさせ、その人のために言葉を選ぶという力が身に付きます。

　３つ目は、インプットの質が上がることです。自分が発信し始めると、周りの物事へのアンテナが高くなります。「学びたい」という熱意が、物事のとらえ方を鍛えるのです。今までは気にならなかったようなことに立ち止まり考えたり、他者の発言のとらえ方が変わったりします。発言することが自分ごとになると、他者の発信の見え方も変わってくるのです。

　ここまでに共通しているのは、他者意識です。自分ではない誰かをイメージし、その人に伝えようと言葉を選んで書くことで、これらの３つの力が磨かれていきます。冒頭に述べ

たように、アウトプットすることでインプットの質が上がり、螺旋状に質を高めていけるのです。こうして身につけた力は、教員人生において大きな武器になります。

　それでは、実際に note をどのように活用するとよいのでしょうか。私が実際にやって効果が高いと感じた活用法を紹介します。

私の note 活用法～具体的な５つの TIPS ～

　活用法の１つ目は、自身の実践を伝わりやすい形に整理し、発信することです。自分の記録として残すだけではなく、誰かに発表するようなイメージで書いています。自分の実践をたくさんの人に発表する機会は、普通に仕事をしていれば、そう多くはありません。校内の研究授業や、自治体の研修会で、年間に多くても２回から３回ほどでしょうか。ですが、note を使うことで、やろうと思えば毎単元の実践発表ができるのです。しかも、時間や距離の制限なく、SNS でさえも学びに活用しようとするような、全国の熱量の高い人にです。教師の力量形成という意味で、こんなにコストパフォーマンスの高いものはありません。私の note では、水泳授業の実践や、けてぶれ学習法の実践についてまとめています。そこでは実践の裏側にある思いや、その背景にも言及し、初めて目にする方でも理解しやすいようにしています。

下書き
振り返りは前向きに　目標設定は後ろ向きに 2025/01/01 17:35
けてぶれ発芽条件 2024/04/20 23:57
愛は「あいだ」にあるのだよ 2023/04/30 9:30
タイトル未設定 2023/01/21 18:34
なぜ自分が？ 2022/09/03 10:43
二兎以上追わなければ二兎は手に入らない。 2022/01/11 22:48
運動の楽しさとは？ 2022/01/07 22:45
体育の話 2022/01/07 22:44
誰のため？何のため？なぜ自分が？ 2022/01/05 11:14
自分・他人・社会

最初は毎日の記録からでいいと思います。日々の振り返りとしてnoteを使ってみましょう。書いているうちに、先に述べた３つの力が確実に伸びていきます。いきなり公開記事にすることが難しければ、下書きを活用するのもおすすめです。私も、思いついたアイディアをメモのかわりに下書きとして保存しています。

　２つ目は、自身の教育観や授業観、子供観の整理としての活用です。こちらの記事のように、実践発表というよりは、生き方やあり方のような、より根っこに近い部分を言葉にしています。忙しい毎日の中で、ともすれば忘れてしまいそうな大切なこと。それを、「大切だなあ」と感じた瞬間に言葉にして残しているような感覚です。教師として、というよりは、一人の人間として自分自身と向き合い、言葉をひねり出しています。自分の根本にある思いや願いについてじっくり考えることは大切ですが、なかなかそこに時間がかけられない現状があると思います。noteを使うことで、普段から自分の根っこと向き合うきっかけとなっています。学校や教室、職員室で感じる小さな違和感を記録していくことから始めてみましょう。あなたらしさの源泉がそこに見えてきます。

　３つ目は、インプットとしての活用です。noteのクリエイターは現在103万人います。教育系の記事だけでなく、ジャンルも様々で、自分の興味や関心に合わせてクリエイターをフォローすることができます。さらに、ハッシュタグを使い、キーワードでフォローしたり、関連記事を集めたりすることができます。教育関連の記事も数多くあり、タイトルからピンときた記事をザッピングして読むのも、思考を刺激されて

いいと思います。ある程度まとまった量の情報を得たいときに、第一の選択肢になりえます。また、新たに何かを始めようというときに、関連するnoteをまず読んでみるという使い方も有効です。

4つ目はマガジン機能の活用です。ある程度noteの記事がたまってきたら、それをテーマごとにマガジンとしてまとめて、整理することができます。自分の実践をラベリングし、まとめて振り返るときに便利な機能で

す。私は学年主任としてどう学年を運営していくか、というテーマの「みんなが幸せになる学年経営」と、葛原祥太先生の考案したけテぶれ学習法の実践についてまとめた「けテぶれ関連note」という、2つのマガジンを公開しています。こうして実践や考えをまとめることで、自分がどんな記事を書いているのかを、わかりやすく読み手に伝えることができます。読み手としては、テーマでラベリングしてあるので、求めている情報にたどり着きやすくなります。自分自身の記事を改めて読み返す際にも、マガジンは便利です。記事の順番も変えられるので、時系列で並べたり、読んでほしい順に並べたりと、工夫ができます。私は、時系列で整理し、自身の思考や実践の変化を見られるようにしています。

5つ目は、他のSNSとの連携です。オフラインの実践発表と違って、noteには人数制限がありません。たくさんの人に

届けば、それだけ返ってくるものも大きくなる可能性が高くなります。noteを読むにはある程度の時間が必要なため、他のSNSよりもフォロワー数を伸ばしにくいです。読んでもらえる人を増やし、たくさんの人に届けるには、他のSNSとの連携が肝になります。各SNSで記事のURLや、マガジンのURLを共有することで、多くの人に自分のnoteを届けることができます。私は登録しているSNSすべてで記事をシェアし、できるだけ多くの人に読んでもらえるようにしています。特にXやfacebookとの相性はよく、noteの一部を引用して投稿することで、より興味のある層に届けることができます。宣伝しているようで気が引けるかもしれませんが、あなたの書いたものに価値を感じたり、必要としたりしている人がいるのに、そこに届かないという状況の方がマイナスです。良いものは広めるべきです。そして、それがよいものかどうかを判断するのは読者です。自分がよいと思ったものを広めることにプラスはあっても、マイナスになることはありません。ぜひ、たくさんの人に届けられるように、他のSNSを活用していきましょう。

　他にも、プロフィールを設定したり、コメントを送ったり、有料記事を設定したり、グループを作ったりと、豊富な機能があるので、ご自身でも色々と試してみてください。こちらの公式記事に詳しく書いてあります。

発信せよ！

　私がnoteを軸に発言を始めてから、3年が経とうとしています。記事の総数は50を超え、フォロワーさんの数は400

人を超えました。読んでいただいた数は４万を数え、コメントをいただける機会も増えてきました。この原稿を書く機会をいただけたのも、note を書き続けてきたからです。自分の経験ともう一度向き合ったり、いただいたコメントを元に実践をブラッシュアップさせたり、というサイクルも生まれました。

　発信することで、仲間ができました。発信することで、チャンスが増えました。発信することで、自分を高めることができました。発信することで、私の教員人生がより豊かなものになりました。

　インターネットの世界では、発信しなければ存在しないのと同じです。あなたの発信を必要としている人が、必ずいます。あなたと同じように悩んでいる人が必ずいます。あなたの実践に、あなたの在り方に勇気づけられる人が必ずいます。あなたの歩んだ道のりは、あなただけでなく、後に続く人たちの成長を加速させるのです。

『違い＝価値』 〜苦手だからこそ〜

「自分には発信できるようなことなんてない」「発信している人はすごい人だから…」「自分の発信なんて誰も必要としていない」「そもそも書くことが苦手で…」と、発信することに抵抗のある人もいるでしょう。

　たしかに、SNS で万を超えるフォロワーがいたり、書籍を刊行していたり、勉強会やセミナーで講師として登壇していたりする人を見ると、自分とは違うと感じることもあるでしょう。比較して、しり込みするのは自然なことだと思います。しかし、思い出してください。教師にとって一番のイン

プットは何だったかを。そう、目の前の教室の子供たちとの毎日です。自分の目の前にいる子供たちと過ごすことは、あなたにしかできません。そこでの実践は誰にもまねできません。どんな有名な先生でも、あなたの代わりはできません。あなたが今過ごしている毎日は、誰にもまねできないのです。あなたが今考えていることは、誰にもまねできないのです。だからこそ、それをあなたの言葉で表現し発信することに価値が宿るのです。

　あなたの発信がめぐりめぐって、目の前の子供たちのため、そして未来の子供たちのためになる日がくることを私は信じています。note を始められたらぜひご連絡ください！　共に学び、共に歩んでいきましょう。

第8章　SNSをリアルにつなぐ

オンラインコミュニティ
EDUBASE

飯山彩也香

EDUBASEって何？

　オンラインサロンをご存知ですか？それは、会員制で参加することができるオンライン上のコミュニティです。教育関係だと「○○先生から学びたい！」という共通の思いをもち、日本中、いや世界中からメンバーが集まって交流する場といえるでしょう。私は茨城県で公立小学校の教員をしていますが、オンラインサロンに参加すると、○○先生やその仲間たちと双方向なやりとりが可能になります。オンラインだけでなく、イベントなどでは実際に対面で交流することも。

　EDUBASEは2023年2月1日にオープンしました。本当は1月にスタートするはずだったらしいけれど…それもまたご愛嬌。いい意味で、緩くてあたたかい教育コミュニティです。

　EDUBASEに入会するためには「CAMPFIRE」というオンラインサロンを無料で作れるサービスが入り口となります。そこにはこのような説明が。「グローバルティーチャー正頭英和と、インフルエンサー坂本良晶がタッグを組みました。EDUBASEに参加された会員の方（EDUBASE CREW）のみなさんとのクローズドな場で、今の二人にとって最もホッ

第8章 | SNSをリアルにつなぐ

トなテーマについての配信記事を読めたり、定期的なオンラインイベントに参加できたりします。」

　正頭先生とさるさんこと坂本さんが運営するコミュニティ。私個人としては入らない理由はありませんでした。2022年12月にKONAMIで行われた『第1回桃鉄教育祭り！』で、お二人の話に感銘を受けていたからです。私は、「さる先生に会いたい！」という思いで参加したのですが、初めましての正頭先生にも心を撃ち抜かれました。舞台で語る正頭先生は、まるでスティーブ・ジョブズ…桃鉄教育版の話はもちろんですが、学校の先生としてわくわくする気持ちが抑えられなかったのです。

　EDUBASEにはこんなサブタイトルが。
「子どもの未来を考える秘密基地」
　教員だけでなく、子育てをしているお父さん・お母さん、教育委員会や企業に所属する人、教育に関わる様々な立場の人が集い、参加者がわくわくできる。それがEDUBASEという教育コミュニティなのです。

EDUBASE へ課金するということ

　入会するときに、一瞬だけ手を止めて考えました。それは、月額料金を確認したときでした。オンラインサロンは、課金をする必要があるのです。ほら、ミスチルのファンクラブだって、年会費を払うことで、会員限定の情報を知ったり、特典を得たりすることができる。それと同じです。

　EDUBASE の料金は月額 980 円。高いと思うか安いと思うかは、人それぞれです。とはいえ、EDUBASE の離脱率はとても低いそうです（ちなみに、月額 980 円というのは破格すぎて「CAMPFIRE」のスタッフの方にも止められたとか）。

　私は正直なところ、課金には抵抗がありました。子ども 3 人を抱えている母としては、財布の紐は簡単に緩めません。と同時に、お得情報を目にすると喜んでしまう習性があります（これを「奥さん案件」と呼んでいます）。1000 円しないのに、月に 4 回も正頭先生やさるさんとオンラインで交流する場がある。週に 4 回もレターが読める。それなのに月額 980 円だなんて、あらやだ奥さん、お得すぎるじゃありませんか。

　現に、EDUBASE TV（オンラインイベント）では、信じられないくらい著名な方々がゲスト出演してくださっています。単純計算で 980 円を 4 週間分で割っても、1 回のオンラインセミナーがたったの 245 円です。名だたる方から学べるのに、ハーゲンダッツ 1 個よりも安いなんて…破格です。あり得ないことがあり得る。それが EDUBASE なのです。

　もちろん無料だったらもっといいと思うかもしれません。しかし、無料のコミュニティは「責任感が希薄になりやすい」

という性質があります。無料だからサービスの質が低くても文句は言えないし、参加者の荒らし行為も起こりやすくなります。逆に、有料だからこそ「サービスの質」は高まるし、わざわざお金を払ってまで荒らす人も滅多にいません。

コミュニティへの課金、それは安心を買うことなのです。

EDUBASE の中のこと

EDUBASE の中で行われていることは、主に以下の4つです。

①EDUBASE TV（月4回のオンラインセミナー）

②EDUBASE LETTER（月20本の正頭先生とさるさんによるメルマガ）

③EDUBASE 職員室（学年や分掌、教科などで交流）

④EDUBASE FES（年2〜3回のオフラインイベント）

基本的なやりとりは、Facebook のプライベートグループ内で行われています。この本を読んでいる若い方々には、「Facebook なんて、おっさんおばさんの SNS でしょ？」なんて思われそうです。実際に、EDUBASE へ入会するためだけに Facebook のアカウントを作りました！という方もいます。

Facebook については、5章で神馬さんが書いてくださっているので、ここでは省略しますが、1つだけ言わせてください。「Facebook は普通に暮らしていたら知り合えない人ともつながれる SNS です」

自宅で学べる！ EDUBASE TV

土曜日の21時から22時を基本として、月4回のオンラインセミナーが Zoom を使って行われます。正頭先生やさるさ

ん、スペシャルゲストのセミナーはとても充実したインプットの場になっています。参加するときは、顔出ししてもしなくても OK！耳だけ参加の方もいらっしゃいます。セミナー中は、チャットでタイムリーに会話をしたり、質問をしたりすることも（正頭先生も坂本さんも関西人だからなのか、時々チャットが大喜利大会になることもご愛嬌）。

　そうそう、リアルタイムで参加できなくても、アーカイブが共有されるので、自分のタイミングで動画視聴することもできます。ちょうど寝かし付けの時間と重なってしまって…なんていう方も大丈夫。また、もう一度動画で復習したい！と思ったときにも活用できます（ただし、まれにアーカイブに残らないものもあり）。

　EDUBASE CREW（EDUBASE に参加している人）によるライトニングプレゼンも行われます。テーマについて CREW が 1 人 3 分間のプレゼンをします。私自身も、初めは聴く側の立場だったのですが、CREW に後押しされて話す側になりました。やってみて分かったことは、CREW のみなさんの優しさとあたたかさです。チャットのリアクションがとても励みになります。そして、3 分間でプレゼンするという場数を踏むことで、話す練習にもなります。

　インプットとアウトプットの両輪で回すことができる。それが EDUBASE TV のよいところです。

　ちなみに、EDUBASE TV 終了後、5 分くらいの休憩を挟んで、「放課後タイム」があります。CREW の自己紹介をすることも。今では「呑ん BASE」と名付けられて、お酒を飲みながら、気兼ねなくゆったり楽しく交流しています。冷蔵庫の中に缶ビールが 2・3 本、それだけは欠かさないように

第8章 | SNSをリアルにつなぐ

正頭 英和
2023年2月13日・

2月13日（月）※2月15日以降は『いいね』を押さないでください。
『いいね』を押されてしまうと、タイムラインの上の方に来てしまうため、時系列で見にくくなってしまいます。あとから入会される方のためにも、ご協力をお願いします。

こんにちは。
月曜日担当の正頭です。改めて思うと、何曜日にどっちが発信するのか明確に伝えていなかったような気がしますので、再確認の意味も含めて。僕らのメルマガは、

月：正頭
水：坂本
金：正頭
日：坂本

本日の担当は正頭。テーマは「▓▓▓▓▓▓▓▓▓▓▓▓」です。

しています。

最新情報や裏話満載！ EDUBASE LETTER

　正頭先生とさるさんがCREW向けに届けてくれるメルマガです。内容はシェア・口外禁止なので残念ながら載せることはできませんが、毎回、様々な内容で正頭先生やさるさんのレターを読むことができます。

　時には、オープン前のイベント情報を先行で知らせてくださることもあります。それこそ、口外できないようなお話も。正頭先生やさるさんのあんな話やこんな話は、他で知ることはできないと思います。まさにEDUBASEは「秘密基地」です。

EDUBASE 職員室

　EDUBASE職員室では各学年や教科ごとに設けられたスレッドに参加し、オンライン上で交流することができます。従来は「Slack」を利用していましたが、2025年1月から「Discord」へ移行し、やりとりを行っています。

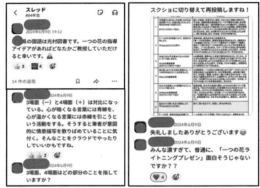

　例えば、4年生のスレッドでは、国語の物語文について様々な指導アイデアを交流させていました。

　他にも、社会科の郷土学習では、他都道府県の小学校同士で交流することも可能です。例えば、茨城県と京都府、東京都、神奈川県、埼玉県の5つの小学校で遠隔地交流を行いました。それぞれの学校の子どもたちが、自分たちの郷土の文化・先人たちについて紹介する。そして、相手校の紹介から学ぶ。そんな遠隔教育も EDUBASE だからこそ、比較的簡単に実現することができるのです。

　誰かが一声上げると、みんなで助け合える。実際の職員室とはまた別な職員室を持つ。EDUBASE 職員室はそういうコミュニティになっています。

仲間と会える！EDUBASE FES

　EDUBASE FES は全国の EDUBASE が集う、年2回のオフラインイベントです。どんな会場で行われてきたのか。

- 0.5 回目　大阪　高槻市の 100 円たこ焼き
- 1 回目　東京　マイクロソフト品川本社
- 2 回目　大阪　ユビキタス協創広場 CANVAS
- 3 回目　愛知　ウィル愛知
- 4 回目　福岡　福岡雙葉学園
- 5 回目　東京　品川区立芳水小学校（2025 年 1 月現在）

　あらためて書き出してみると、0.5 回目だけ不思議な感じがしますね。CREW は全国にいるので、できるだけ全国各地でFES を開催しようとしてくださっています。ちなみに愛知のFES のときは都合がつかず参加できなかったのですが、オンライン上で「茨城県での FES は、何回目にやりますか？」と聞いたところ、46 回目だそうです（イジられるのも慣れた）。

　さて、EDUBASE FES の内容ですが、少しずつ変化してきています。100 円たこ焼きのときは、少人数でたこ焼きを食べながらの交流がメインでした。しかも、オンライン配信あり！私は茨城から、モニター越しに参加者と話して手を振り、現地でたこ焼きを食べる様子を生唾飲み込んで見守っていました。

　それ以降は、正頭先生とさるさんの時間だけでなく、いつもモデレーターをしてくれているまーてぃくん（武田勝人さん）のワークショップ、EDUBASE CREW によるライトニングプレゼンなど、盛りだくさんの内容です。もちろん FES後は、呑ん BASE（飲み会）あり。大阪でカラオケに行くことになるとは思っていませんでした。渡辺道治さんのバイオリン生演奏は感動でした。あと、浪速のエアロスミスも伝説となりました（めっちゃ歌うまの CREW がいらっしゃるのです！）。

　少し話を戻します。EDUBASE FESでは、オフラインだからこそ共有できる体験があります。オンラインでももちろん交流できるのですが、実際に一度顔を合わせていると心の距離がぐっと近くなります。また画面越しのオンラインになっても、以前とは違う親しみを感じます。

　写真は、マイクロソフト品川本社で行ったFESの集合写真です。お分かりいただけますか？正頭先生とさるさんが、真ん中にいないのです。コミュニティの主宰であるのに、CREWを真ん中にして自らは両端に立つ。彼らのスタンスがこの1枚の写真からも伝わるのではないでしょうか。

EDUBASE×仲間×ウェルビーイング

　ある日、正頭先生から『KONAMIエデュテイメント祭り』登壇のオファーが舞い込んできました。信じられません。名もなき一教員にグローバルティーチャーからのお誘い。私が正頭先生、さるさんと初めて会った舞台に登壇することに

第8章 | SNSをリアルにつなぐ

なったのです。聞き手から話し手へ。感慨深かったです。

　さるさんからはVoicy本社に呼んでいただきました。教師目線と保護者目線ということで、ゲスト出演させていただきました。Voicy本社に入った教員は2人目だそうです。

　EDUBASEに参加するようになって、たくさんの「縁」に恵まれました。二川佳祐さんとも出会い、一緒にイベントも行いました。EDUBASEの仲間にパワーをもらいながら、一教員として地元の教育を盛り上げていきたいと思っています。

　もちろん現場が第一です。これまでの同僚にもたくさん育てていただきました。それが大前提とした上で、「職場と別のコミュニティをもつ」ということも、選択肢の一つに入れてみてはいかがでしょうか。人生が変わるかもしれません。

第9章 学びの「時間」をデザインする

SNS を越えて

藤原友和

SNS における学びとは

　第1章においても言及があるように、コロナ禍以降、オンライン学習会というセミナー形態が爆発的に増加しました。時間も場所も自由度が高いこのスタイルは、力量形成に前向きな先生方にとってもはや日常となった感すらあります。新型コロナウイルスが感染防止法上の5類に分類されて以降は参集型（オフライン）セミナーも以前のように活発に開催されるようになりましたが、やはりオンラインセミナーという形式を知った前後では、何かが違うようにも思えます。

　本章では、教師の力量形成について「学びの環境デザイン」という視点から私自身の体験を元に整理して、これからの教育界を背負って立つであろう若い読者の皆さんに何かをお伝えすることができたら望外の喜びです。

　さて、私自身は初任段階の頃からいくつもの学習会を企画、運営してきました。また、2019年の学校一斉休校措置が取られてから現在に至るまでオンライン学習会の開催も100回を数えようとしています。そのような経験からオンラインとオフラインのセミナーの違いを整理してみると、次ページの表1のようになるのではないかと思われます。

　まず、同期性が異なります。オフラインの学習会は会場に

第9章 | 学びの「時間」をデザインする

オンライン	視点	オフライン
低い	同期性	高い
参加費のみ	参加費	交通・宿泊費が伴う場合あり
相対的に低い	伝達性	相対的に高い
高い	情報デザイン性	低い
低い	開催コスト	高い

表1　セミナー形態の比較

出かけていき、その場限りの一期一会が基本です。これに比較してオンラインの場合は見逃し配信やアーカイブなど、非同期による参加が可能になりました。それに伴い、参加費も移動を前提としないため交通費や宿泊費が発生しません。

　それから、オンラインのセミナーでは、講師が画面越しで話す、つまり身体性が伴わないことが大きな特徴です。やはり講師本人を目の前にして聞く話は本人の佇まい、非言語メッセージも含め伝達力が高いと言えるでしょう。

　オフラインでは参加感、ライブ感といった身体感覚が薄れることは否めませんが、それらを代償に一日に複数のセミナーを受けるということも可能です。また、その裏返しとして主催者にとってみれば開催コストはとても低くなりました。会場の手配、講師交通費の確保、参加費の徴収といった諸々の事務作業も不要になりました（そのことに伴う気楽さ、

89

そしてドタキャンの多さは頭痛の種ですが)。

　こうした相違点があることを念頭において以下、話を進めます。オンラインセミナーが普及することによる最大の恩恵は子育て中の先生、都市部からの遠隔地や島嶼地域の先生方が学びにアクセスすることができるようになった、ということでしょう。移動のための時間や費用、そして日常生活の調整がどうしても大きくなってしまう彼の先生方が諦めざるを得なかった「学び」が、オンラインなら手に入れられるのです。事実、私が主催したオンラインセミナーでも、参加してくださった方々はこのような感想を寄せてくださることがとても多かったという実感があります。

　そしてもう一つ。あまり指摘されることはありませんが、子供たちとの「学びの同型性」が形づくられたことは無視できないポイントだと思われます。「学びの同型性」とは、「子どもたちに対して求めるようなやり方を教師集団も実践していなければならない」とする東京学芸大学の渡辺貴裕先生の言葉です。いうまでもなく GIGA スクール構想は子供たちへのデジタルアクセスを保障する取組です。先生方がオンラインセミナーでの学びに慣れることは、「1人1台端末」がもたらした「チョーク＆トーク」による学びの形が変わることへの対応になります。

　とはいえ、1人1台端末を用いた授業が日常化するにつれ、Web 上の経験と、リアルの経験をどのようにデザインしていくことが本当に子どものためになるのかという問題が生じるようになっているのも事実です。そこで、「オンラインの学びをオフラインの学びにつなげる」あり方について私の体験をふり返り、かつ「それでも残るオンラインの学び」を説明

することを通して、「学びの環境デザイン」を考える縁にしていただければ有り難いと思います。

オンラインの学びをオフラインにつなげる

私が初めてオンライン（Zoom）による学習会を試みたのは2019年のことでした。その年はたまたま教職大学院への短期派遣（1年）と、新型コロナウイルス感染症に伴う全国一斉休校が重なったタイミングでした。観察実習に行っても児童が登校していません。それのみならず、教職大学院の講義もキャンパスで行うことができず、急遽オンラインで行われるという対応となりました。

そのような状況にあった私に、上條晴夫先生（元『授業づくりネットワーク』編集長／東北福祉大学教授）からお声がけから「オンライン授業をオンラインで学ぶ会（通称「オンオン会」）」を立ち上げることになったのです。

それに先だって、新年度に向けた準備から解放された春休み期間に「時間のあるときに慣れておこう」と思い立ち、Zoomを使って友人たちと「Zoomであそぼ」という企画を始めていました。

当初は近況報告をしながら「画面共有」や「チャット」機能をさわってみるだけの集まりでした。参加人数は5〜6人程度だったと思います。しかしながら、やはりやってみると気づくことも多く「これはみんなに声をかけたほうがいいな」と考えるようになりました。そこで、Twitter（現 X）やFacebookで参加を呼び掛けたところ予想外の反響がありました。70人〜80人くらいがコンスタントに参加するようになったのです。「これはもっと面白いことができるのでは

ないか」と考えるようになるのも自然なことです。

　そして私は、もともと付き合いのあった仲間たち、そして「オンオン会」で知り合うことになった先生方とともに「オンライン学校」と銘打ったセミナーを連続開催していくことになります。

　現在まで60回を超える「オンライン学校」シリーズは現在まで試行錯誤を重ねながら、やがて定番の形を生み出していきます。背景にあったのは「異質同士の交流」という考え方です。もちろんこれには「授業づくりネットワーク」で長く学んできたという私の出自が色濃く影響しているためでしょう。

　教育界には二項対立的な考え方が多数存在します。「系統主義か経験主義か」「アナログかデジタルか」といったものがすぐに思い浮かびますね。これらは「結局、バランスが大切なのですよね」という安易な妥協の言葉とともに予定調和が図られることも多い気がしています。しかし、現場を背負っている私たちにとってはそんなに軽い話ではありません。「結局、どうしたらいいんだ」と憤りを覚えた研修も一度や二度ではないことを思い出します。

　しかしながら、そんなに簡単に解決する話ならばそもそも二項対立的にずっと問題になるわけがない、というのもまた事実です。「どうしたらいいかわからないときにどうしたらいいか」というのは内田樹の言葉ですが、現場を預かる私たちとしては、それぞれの現実に応じて自分の考える最適な答えを選び取っていくしかありません。

　こうした考えから、表2のようにセミナー全体を3つのパートで構成するようになりました。現在に至るまで「オン

第1部	講師二人によるそれぞれの提案（40分）
第2部	事務局二人による感想交流（20分）
第3部	講師を含めたリフレクション（30分）

表2　「オンライン学校」の基本構成

ライン学校（90分版）」の基本構成となっています。

　第1部はお二人の講師からそれぞれの提案をしていただく時間です。お招きする講師は、それぞれの提案内容が先ほど述べた「二項対立的」になるようにご依頼しています。

　令和2年9月27日に開催された「第10回オンライン学校の放課後 THE FINAL」では、「系統主義」的な学習指導法である「けテぶれ」を提案している葛原祥太さんと「経験主義」的な企業との連携による実践をお持ちの菊地南央さんに来ていただき、それぞれの立場、考え方からの実践報告をしていただきました（次ページ図1）。

　そして、事務局スタッフである戸来友美（公立小学校教諭）さん、郡司竜平（名寄市立大学准教授）さんがお二人の実践報告をどのように受け止めたか、感想を交流します。これは、講師の提案を自分なりに受け止め、自分の現場にどのように還元するとよいかというロールモデルとなるように意図しています。

　最後の講師を含めたリフレクションでは、講師にとってはフィードバックが得られる場であるとともに、「違いの中の同じ」「同じの中の違い」が発見される場面も度々目にしました。あるとき、「同じ山の頂を目指して違うルートから登っ

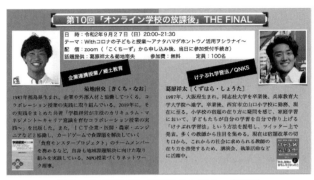

図1　「二項対立」を超えるセミナー企画例

ていた」という言葉が講師の先生から出たことがありましたが、まさしくこれが二項対立を妥協ではなく超えていくヒントになるのではないかと思います。

　こうしたあり方が「オンラインにおける学び」の一つの到達点ではないかと私は考えています。

　前述のように、VUCAの時代とも言われる現在、唯一の正解としての「どうしたらいいか」は誰もわかりません。当座の解を導き出し、うまくいかなかったら修正するという粘り強さが求められます。つまり、私たち1人1人が「どうしたらいいかわからないときにどうしたらいいか」を考え続ける必要があるということです。そして、その過程においては葛藤が生じる場合もあるでしょう。Aという価値とBという価値がぶつかるということも日常茶飯事となるかもしれません。そうしたときに、安易な妥協ではなく、AとBを不組み込んだ新たな価値を創造する力、対立を乗り越える力が社会全体のウェルビーイングを実現するために求められているの

が、令和という時代と考えられます。

　さて、「オンライン学校」シリーズにおいて、こうした「二項対立を超えていく」姿を度々見せてくれた人気講師といえば本書の編集代表者である古舘良純さんと渡辺道治さん（「教え方の学校」主宰）です。「コロナが五類になった」2023年、ついに私を含めた3名がオフラインで一堂に会することができました。場所は岩手県盛岡市です。そして2024年夏には舞台を北海道札幌市に移し、再び3人でのセミナーをオフラインで開催します（2024年7月現在）。

　また、「学校からいじめをなくす」活動を保護者の立場から推進してきた中島征一郎さん（新潟・「なかじまなび塾」塾長）と、教員としての立場から取り組んできた千葉孝司さん（「とかちピンクシャツデー」代表）が私の居住地である函館で邂逅を果たしました。以後、9月の三連休は函館での学習会が継続しています。

　これらのセミナーには、「オンライン学校」の参加者の皆さんが何人も参加してくださいました。つまり、オンライン学習会で得たつながりが、オフラインの学習会の場に移っても続いているということです。本章の冒頭に表1で示したオフラインのデメリットを考慮したとしても、それ以上にメリットの方が大きいという判断がそこにあるわけです。

　本書において第8章まで、様々なSNSによる学びが提案されました。読者の皆さんも既にそうした場からもたらされている学びを享受していることでしょう。もう少しだけ考えを進めると、皆さんはそれぞれの特性に応じて、生活の中のどのような時間にどのようにふれるか意図的にデザインしているのではないでしょうか。

そして、「自分の考え方や実践の方向性はこれでいいんだ」と自信を深め勇気づけられたり「こんな考え方があるのか」と視野が広がったり自分を変えていく決意を新たにしたりしている姿を想像します。それは素晴らしいことです。子ども観、授業観、教育観を磨き、高めるために日常的な学びの環境デザインを行っていることは、子供たちと読者の皆さん方自信のウェルビーイングにつながることは確かであると思います。

　それとともに、オンライン学校の企画意図もちょっとだけ思い出して見てください。なぜ、「第2部」（表2）が必要なのでしょうか。ここで講師の話をどう受け止めるかというモデルをセットしているのはなぜでしょうか。そこに本章のテーマである「SNSを超えて」に関わるヒントがあると私は考えています。最後にそのことに触れて章を閉じたいと考えています。

SNSを超えて

　本章では冒頭からオンラインの学びとオフラインの学びを二項対立的に捉えて稿を進めてきました。そして、具体例としてオンラインセミナーにおいて二項対立的な構図をあえてつくり、そしてそれを超える仕掛について説明しました。すなわち、事務局スタッフによる「講師の話をどう受け止めたか」というパートを配置するというセミナー構成です。

　その意図について考える視点として提示したいのが「エコーチェンバー」という現象です。

　これは、「自分と同じ趣味を持つ人や，似たような考え方の人とばかりつながっていることにより，こだまのように同

じような発言に繰り返し触れ，あたかもその思想だけが正しい，という思いにとらわれてしまうこと」*1と説明されています。

「人間は見たいものだけを見る」という傾向があります。もちろん私自身もそのとらわれからは自由ではありません。だから「自分のものの見方や考え方は偏っている」という自覚（あるいは可能性への想像）を基に、その偏りが自身の実践しようとしている教育活動に悪影響を与えていないかと考えることが必要なのです。

SNSを超えて豊かな学びを実現することは、SNSを捨てることではありません。オンラインとオフラインの違いを乗り越え、それぞれを含み込む「目指すべき頂き」を見つけるために異質な他者との交流を意図的にデザインしていくことです。

SNSによる学びとリアルの場の学び。この一見対立するような異なる価値観をもつ二つを弁証法的に止揚することを提言して本章を終えたいと思います。

*1　文部科学省，2019年，「情報化社会の新たな問題を考えるための教材〜安全なインターネットの使い方を考える〜指導の手引き」
　　URL: https://www.mext.go.jp/content/20210406-mxt_jogai01-100003206_001.pdf

おわりに

　僕が mixi を使い始めた頃、SNS の役割は「リアルをつなぎとめる手段」でした。

　北海道函館市で大学生活を送った4年間のつながりを、卒業後の岩手県で維持するための手段が mixi だったのです。

　日記を書くたびに、各地に散った同級生からのコメントが嬉しかったものです。また、後輩の投稿からサッカー部の活動をキャッチしていました。

　そうやって「SNS でリアルをつなぎとめていた」のです。

　しかし、その距離は自然に離れていきます。それぞれのリアルが同時進行的に更新されていくからです。

　新しい環境のリアルが最優先され、SNS のつながりは自然と弱まっていきました。

　残念ですが、それは自然の摂理です。

　しかし今、時代の移り変わりによってパラダイムシフトが起こりました。「リアルにつながるための手段」として SNS が活用され始めてきたのです。

　「友達」「いいね」「コメント」「LIVE」によって、時間や距離、世代を越えたつながりが加速するようになりました。

　そして、その加速は「リアルで会おう」という、人として抗えない欲求を満たそうとすることになります。もしかしたらコロナ禍の「制限」も、その気持ちをより助長したかもしれません。

　もちろん、SNS からリアルへの移行はリスクを持ち合わせていることも確かです。アカウントの本人確認、匿名性、個

人情報の保護。十分に気をつけなければいけません。

　しかし、ここまで紹介してきたような利活用は、紛れもなくリアルを充実させるための、そして教師としての力量を高めるための確かな SNS の使い方ではないでしょうか。

　最後に、僕のつまらない SNS の利活用ルールを紹介して終わりにします。
　①実践で育った子どもたちを想像する。
　②実践する大人のマインドを太くする。
　③誰であれ、ブロックもミュートもしない。
です。
　特に③は意識しています。オンラインがリアルを呼ぶのであれば、オンラインでしていることがリアルに出てしまうことがあると考えているからです。
　こうやって書いている今もなお、様々な方面から理解なき言葉が飛んでくることがあります。遠回しに嫌味が届くこともあります。仕方がないことですが、事実です。
　でも、全部受け止めて進みます。綺麗な世界でのみ生きていれば、リアルでタフに生きていけないと思うからです。
　「たかが SNS」「されど SNS」なのです。
　ぜひみなさんも、マイルールを確かに、SNS を活用されてください。そしていつか、リアルでお会いしましょう。

古舘良純

［執筆者一覧］

第1章　古舘良純 （岩手県花巻市公立小学校）

第2章　齊藤昌幸 （東京都公立小学校）

第3章　竹澤　萌 （大阪府池田市公立小学校）

第4章　有吉亮輔 （愛知県弥富市公立小学校）

第5章　神馬　充 （栃木県鹿沼市公立小学校）

第6章　増本幸治 （福岡県嘉麻市公立小学校）

第7章　井上拓也 （神戸市公立小学校）

第8章　飯山彩也香 （茨城県公立小学校）

第9章　藤原友和 （北海道函館市公立小学校）

※所属と職責は 2025 年 2 月のものです。

[編著者紹介]

古舘良純（ふるだて・よしずみ）

1983年岩手県生まれ。岩手県公立小学校教諭。
菊池道場岩手支部代表、バラスーシ研究会所属。
著書に『ボタンの掛け違い』『教育で語られがちなこと　その奥にあるもの』（すべて東洋館出版社）、『小学6年担任のマインドセット』『子どもと教師を伸ばす学級通信』『ちょこっとシリーズ4冊』（すべて明治図書）他、多数。

若い先生のパートナーズBooK ／ 授業づくり
「教師力」を磨く
SNSの利活術

2025年5月1日　初版発行

編著者　古舘良純
発行者　小島直人
発行所　株式会社 学芸みらい社
　　　　〒162-0833　東京都新宿区箪笥町31番　箪笥町SKビル3F
　　　　電話番号 03-5227-1266
　　　　https://www.gakugeimirai.jp/
　　　　e-mail : info@gakugeimirai.jp
印刷所・製本所　株式会社ディグ
企　画　阪井一仁
校　正　藤井正一郎
装丁デザイン　吉久隆志・古川美佐（エディプレッション）
本文組版　橋本　文

落丁・乱丁本は弊社宛にお送りください。送料弊社負担でお取り替えいたします。
©Yoshizumi FURUDATE 2025 Printed in Japan
ISBN978-4-86757-079-1 C3037

若い先生のパートナーズBooK
PARTNERS' BOOK FOR YOUNG TEACHERS

教室とは、1対30で勝負する空間。
教師は、1人で30人を相手に学びを創る世界に飛び込むのだ。
次世代をエスコートする「教室の責任者」である担任は、

- ・気力は眼にでる
- ・教養は声にでる
- ・秘められた感情は口元にでる

これらをメタ認知できる知識人にして行動人であれ。
その水源地の知恵が凝縮されたのが本シリーズである。

PARTNERS' BOOK
FOR
YOUNG TEACHERS

☀ 学芸みらい社の好評既刊

発売即3刷！Amazonベストセラー1位
（ADHDカテゴリ、LDカテゴリ、心理学カテゴリ）

特別支援がガラッと変わる
「授業中に教室を歩き回る」「ちょっとでも気に入らないことがあると友達に手を出す」といった不適応行動。
このような行動を、「応用行動分析学」で分析すると？

「あの子はどうすれば…」
と悩みがある人必携。

特別支援がガラッと変わる
「見取りのモノサシ」
応用行動分析学はじめの一歩

渡辺道治 著
定価2,200円（税込）四六判並製
ISBN：978-4-86757-072-2

ご購入はこちらから▶

学芸みらい社の好評既刊

Amazonベストセラー1位
（学校校長関連カテゴリ）

―ようやく一息つけると思って腰を下ろす職員室。そこにかかってくる一本の電話。受話器を取った先生は私を見ながら「少々お待ちください」と言って保留ボタンを押した―

8割の教師が悩むと言われる保護者対応だが、最も大切なのは目の前の子ども。子どもをど真ん中にして、「保護者と教師がどのようなパートナーシップを結んでいくと教育の価値を最大限に高めることができるのか」を追求した一冊。

若い先生のパートナーズ BooK シリーズ　学級経営

保護者対応
信頼はぐくむ教師の「聞く力」

生井光治 著

定価1,980円（税込）四六判並製
ISBN：978-4-86757-067-8

ご購入はこちらから▶